Katrin Weitzer

# 100 Spiele für ein gutes Miteinander

## Sozial-emotionale Kompetenzen in der Krippe fördern

Verlag an der Ruhr

# Impressum

| | |
|---|---|
| **Titel** | 100 Spiele für ein gutes Miteinander<br>*Sozial-emotionale Kompetenzen in der Krippe fördern* |
| **Autorin** | Katrin Weitzer |
| **Titelbildmotiv** | Anja Boretzki |
| **Lektorat** | Liliana Wopkes |
| **Illustrationen** | Anja Boretzki, Petra Lefin |
| **Satz und Layout** | LemmeDESIGN, Berlin |

**Verlag an der Ruhr**
Mülheim an der Ruhr
www.verlagruhr.de

Geeignet für Kinder von 0–3 Jahren

## Unser Beitrag zum Umweltschutz:

Wir sind seit 2008 ein ÖKOPROFIT®-Betrieb und setzen uns damit aktiv für den Umweltschutz ein. Das ÖKOPROFIT®-Projekt unterstützt Betriebe dabei, die Umwelt durch nachhaltiges Wirtschaften zu entlasten. Unsere Produkte sind grundsätzlich auf chlorfrei gebleichtes und nach Umweltschutzstandards zertifiziertes Papier gedruckt.

**© Verlag an der Ruhr 2015**
**ISBN 978-3-8346-2898-5**

**Printed in Germany**

# Inhaltsverzeichnis

# Ein paar Worte vorab

**Liebe Leserinnen, liebe Leser,**

es zählt zu den wichtigsten Aufgaben von Krippenerzieherinnen und Tagesmüttern, junge Kinder beim Sammeln sozial-emotionaler Erfahrungen zu begleiten, denn der Erwerb dieser Kompetenzen ist eine wesentliche Grundlage für den Ausbau anderer Entwicklungsbereiche. Um die Bedürfnisse anderer zu verstehen, aber auch um selbst mit unseren Wünschen und Anliegen verstanden zu werden, benötigen wir alle die Fähigkeit, Emotionen und Bedürfnisse zu artikulieren, sie bei anderen wahrzunehmen und auf sie zu reagieren.

Durch den regelmäßigen Kontakt mit Gleichaltrigen in einer Einrichtung haben Kinder unter drei Jahren die Möglichkeit, wertvolle sozial-emotionale Erfahrungen auch außerhalb ihres familiären Umfeldes zu sammeln bzw. zu vertiefen. Hier erleben sie (aktiv) gegenseitige Rücksichtnahme und können ihr Mitgefühl und ihren Gemeinschaftssinn ausbauen. Denn auch wenn die Jüngsten mehr nebeneinander als miteinander spielen, erfahren sie in der Krippe dank verschiedener Rituale und bestimmter Alltagssituationen, was das Miteinander bedeutet: aufeinander aufmerksam werden und in Kontakt treten, gemeinsam Spaß haben, Konflikte positiv bewältigen, sich wertschätzen und achten sowie gemeinsam Neues entdecken. Begleitende Erwachsene sollten dabei immer beachten, dass Kinder unter drei Jahren ihre Emotionen noch nicht klar deuten und verbalisieren können, dass es also wichtig ist, ihnen als „Gefühlscoach" achtsam und wertschätzend zur Seite zu stehen.

Kinder lernen sehr viel durch Beobachtung und Nachahmung. Beobachtete Verhaltensweisen imitieren sie oftmals im Spiel – und dabei eignen sie sich Lösungsstrategien an, die sie in Alltagssituationen gezielt einsetzen können. Im Folgenden finden Sie 100 Spielimpulse, die Kinder unter drei Jahren dazu ermutigen, sich auf Interaktionen mit ihren Mitmenschen lustvoll einzulassen. Die Anregungen lassen sich durch die geringe Materialvorbereitung und eine einfache Durchführung flexibel in den Alltag integrieren.

Die Spiele sind auf vier Kapitel aufgeteilt. Das erste Kapitel enthält **„Begrüßungs- und Kontaktspiele"**. Sie sollen Kinder anregen, sich gleich am

# Ein paar Worte vorab

Morgen, beim Begrüßen, bewusst und freudig wahrzunehmen. Kontaktspiele machen Lust auf das Schließen von Kontakten und das Pflegen von Freundschaften innerhalb der Gruppe. Und damit ist auch ein gemeinsamer Start in den Tag gesichert. Mithilfe dieser Spiele merken auch die Allerjüngsten: „Ich bin nicht alleine hier!"

Auch Sprache kann verbinden. Die Reime aus dem zweiten Kapitel **„Mit Reimen zum Wir-Gefühl"** stärken die Gruppengemeinschaft und verweisen auf die Bedeutung des Zusammenhalts. Die einladenden Sprüche und Reime sollen die Kinder dabei unterstützen, ein Wir-Gefühl sowie Freude am Sprechen und am gemeinsamen Reimen zu entwickeln.

Kooperativ auf Entdeckungsreise können Kinder mit Bewegungs- und Wahrnehmungsspielen gehen. Sich gemeinsam zu bewegen und dabei etwas zu bewegen, macht Kindern viel Freude. Das dritte Kapitel bietet deswegen viele Anregungen für **„Kooperative Bewegungs- und Wahrnehmungsspiele"**. Sie fördern nicht nur die sozialen Kompetenzen, sondern auch die Wahrnehmung und die Motorik der Kinder.

Sehr inspirierend kann es sein, sich gemeinsam auf kreative Prozesse einzulassen (Malen, Gestalten ...), denn viele Ideen entstehen oder ergänzen sich erst beim kooperativen Schaffen. Auch Gefühlen kann man in einer kreativen Gemeinschaft manchmal mehr Ausdruck verleihen. Im vierten Kapitel **„Gemeinsame Kreativprojekte"** finden Sie Vorschläge mit deren Hilfe Sie die kreative Experimentierfreude und den gestalterischen Ausdruck der Kinder unterstützen können.

Um die Spiele altersgerecht anbieten zu können, finden Sie bei jedem Spiel Altersangaben. Diese dienen der Orientierung und sollen Sie nicht daran hindern, das Angebot für Ihre Kinder aufgrund von persönlichen Einschätzungen und Beobachtungen auszuwählen. Als Erzieherin oder Tagesmutter kennen Sie Ihre Schützlinge sicher sehr gut und haben schon ein Gefühl dafür, welchen Impuls die Kinder gerade brauchen.

Für einen schnellen Überblick über die benötigten Materialien finden Sie genaue Materialangaben bei jedem Spielimpuls extra aufgelistet. Das wird Sie bei einer raschen, gezielten Vorbereitung unterstützen. Bei der Materialauswahl wurde besonders darauf geachtet, die Jüngsten keinen unnötigen Gefahren auszusetzen. Kommen dennoch einmal kleinere

# Ein paar Worte vorab

Materialien zum Einsatz, sollten Sie die Kinder beim Spielen und Experimentieren sehr genau beobachten, damit sie nichts in den Mund nehmen.

Alle Spielanleitungen basieren auf Erfahrungen aus der Krippenpraxis. Dennoch sollen sie auch als Ermutigung verstanden werden, eigene kreative Änderungen einzubringen und die Spiele ganz den Bedürfnissen und Wünschen Ihrer Kinder anzupassen.

Ich wünsche Ihnen reichlich Zeit für die nun folgenden Spiele, viel Freude damit, und beim Spielen, Bewegen und Gestalten bereichernde Begegnungen mit den Kindern!

Ihre

*Katrin Weitzer*

## Literaturtipps

*Jung, Heike:*
**100 Bewegungs- und Entspannungsspiele für die Krippe: 5-Minuten-Ideen für drinnen, draußen, zwischendurch und im Morgenkreis.**
Verlag an der Ruhr, 2013.
ISBN: 978-3-8346-2415-4

*Charner, Kathy / Clark, Charlie / Murphy, Maureen:*
**155 5-Minuten-Spiele für die Krippe: zum Sprechen, Fühlen, Entdecken und Bewegen.**
Verlag an der Ruhr, 2010.
ISBN: 978-3-8346-0713-3

*Charner, Kathy / Clark, Charlie / Murphy, Maureen:*
**100 Rituale für die Krippe: Orientierung und Sicherheit für den Tagesablauf mit den Kleinsten.**
Verlag an der Ruhr, 2010.
ISBN: 978-3-8346-0712-6

# Begrüßungs- und Kontaktspiele

Um vertrauensvoll dem Alltag in der Krippe entgegensehen zu können, brauchen Krippenkinder die Gewissheit, willkommen zu sein. Bereits eine freundliche und liebevolle Begrüßung am Morgen bildet ein gutes „Vertrauensfundament" für den Tag. In diesem Kapitel finden Sie eine Zusammenstellung von Begrüßungs- und Kontaktspielen, die Ihnen helfen werden, das Vertrauen der Kinder in ihr Umfeld und in sich selbst aufzubauen und zu stärken.

Diese Spiele motivieren die Kinder auch dazu, neugierig aufeinander zu werden, leichter Kontakte zu knüpfen, sodass sie sich über das soziale Miteinander freuen können. Die meisten Kinder brauchen jedoch nicht nur Mut, um auf andere zuzugehen, sondern auch etwas Zeit für Beobachtung – geben Sie sie ihnen.

Die Spiele sind einfach aufgebaut und lassen sich somit leicht und ganz ungezwungen auch zwischendurch im Alltag umsetzen. Und durch das Wiederholen der Spiele – denn gerade junge Kinder brauchen Wiederholungen – entwickeln sich vielleicht sogar beliebte Rituale.

# 1 Freundeteleskop

 **12 bis 36 Monate**

 **Das fördern Sie**
Wahrnehmung, Empathie, Sprache

 **Das brauchen Sie**
Wellpappebogen, Tacker

## So geht es

Ermutigen Sie die Kindergruppe, genau zu beobachten, welche Kinder heute in der Krippe sind, und sprechen Sie über das, was gesehen und wahrgenommen wird. Damit jedes Kind seinen beobachtenden Blick gezielt auf einzelne Kinder richten kann, stellen Sie ein „Freundeteleskop" zur Verfügung.

Rollen Sie dafür einen Wellpappebogen (DIN A3) der Breite nach zu einer Röhre und fixieren Sie die Enden mit einem Tacker. Der Durchmesser der Röhre sollte nicht zu klein ausfallen, damit die Kinder mit beiden Augen hindurchblicken können.

Begleiten Sie die Beobachtungen der Kinder mit Fragen, z. B.: „Wen siehst du? Wo – oder mit wem – spielt dein Freund?" Die Fragen werden die Kinder zum gezielteren Beobachten anregen.

 **Tipp**
Jungen Kindern fällt es schwer, mit nur einem Auge durch eine Röhre hindurchzublicken. Verwenden Sie deswegen für das Freundeteleskop keine zu enge Papphöhre, wie z. B. vom Toilettenpapier.

 **Variante**
Statt eines Freundeteleskops können Sie auch einen „Freundegucker" herstellen – indem Sie zwei engere Papphöhren zusammenkleben.

## 2 Willkommenstanz

**12 bis 36 Monate**

**Das fördern Sie**
Wir-Gefühl der Gruppe, Rhythmus- und Taktgefühl, Wortschatz

## So geht es

Zu der Melodie von „Fuchs, du hast die Gans gestohlen" singen die Kinder folgenden Text – dabei fassen sie sich an den Händen, gehen im Kreis und klatschen bei „Hurra!" in die Hände:

*„Wir gehen jetzt ganz schnell im Kreis,*
*rufen dabei leis,*
*rufen dabei leis:*
*Paul* (alle Kindernamen) *ist heute wieder da!*
*Wir freuen uns, hurra!*
*Paul ist heute wieder da!*
*Wir freuen uns, hurra!"*

So wird der Reihe nach jedes Kind mit dem Begrüßungslied freudig begrüßt.

**Variante**
Statt im Kreis zu gehen, können die Kinder auch laufen, stampfen, hüpfen usw.

# 3 Ab durch den Begegnungstunnel!

 **8 bis 24 Monate**

 **Das fördern Sie**
Empathie, Motorik, Sozialverhalten

 **Das brauchen Sie**
2 Kartons in „Krabbelgröße", Cutter

## So geht es

Die meisten Kleinkinder lieben es, durch Röhren oder Tunnel zu krabbeln. Und wenn sie in der Mitte sogar noch einen Freund treffen, wird dieses Abenteuer gleich noch viel spannender und lustiger.

Schneiden Sie in jeden Karton eine Öffnung und stellen Sie dann beide Kartons so hintereinander auf, dass die Kinder durch die eine Öffnung hinein- und durch die andere wieder hinauskrabbeln können. (Statt der Kartons kann natürlich auch ein Kriechtunnel verwendet werden.) Ermutigen Sie nun immer zwei Kinder auf einmal, von beiden Seiten gleichzeitig in den Tunnel zu kriechen und sich bei ihrem Treffen in der Mitte freundlich „hallo" zu sagen.

Nach der Begrüßung können die Kinder aneinander vorbei- und dann weiterkrabbeln oder hintereinander in der gleichen Richtung den Tunnel verlassen.

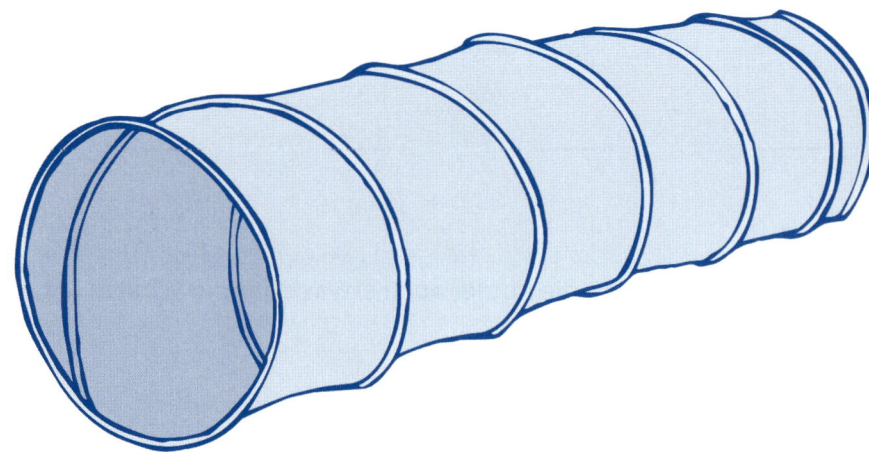

# 4 Mein ganz persönlicher Schatz

**24 bis 36 Monate**

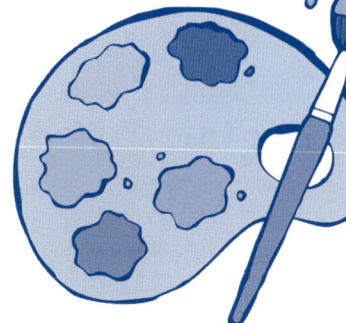

**Das fördern Sie**
Wortschatz und Sprache; den Mut,
vor der Gruppe zu sprechen;
gegenseitige Wertschätzung

**Das brauchen Sie**
für jedes Kind eine Schuhschachtel mit Deckel („Schatzkiste"),
Temperafarbe, Kleber, Kreativ- und Naturmaterialien, „Schätze"
von zu Hause

## So geht es

Jedes Kind gestaltet seine „Schatzkiste" ganz nach Belieben mit Temperafarbe und/oder mit Kreativ- bzw. Naturmaterialien. Wichtig ist dabei
lediglich, dass jede Schachtel ein individuelles Aussehen bekommt,
damit es einen persönlichen Wiedererkennungswert für das gestaltende
Kind hat.
Ist die Schatzkiste fertig, nehmen die Kinder sie mit nach Hause und
legen einen Schatz hinein, der für sie besonders wertvoll ist. Am nächsten Tag zeigt jedes Kind den anderen Kindern aus der Gruppe seinen
Schatz und erzählt etwas dazu. Unterstützen Sie die Kinder dabei mit
Impulsfragen, z. B.: „Wo hast du deinen Schatz entdeckt?" oder: „War dein
Schatz ein besonderes Geschenk? Von wem hast du ihn bekommen?"

**Tipp**
Bitten Sie die Eltern der ganz jungen Kinder, einen kurzen Brief
mit Informationen zu dem Schatz ihres Kindes in die Kiste zu
legen und lesen Sie jeden Brief der Gruppe vor. Auf diese Weise
erfahren die Kinder auch etwas über die Schätze der Jüngsten.

# 5 Das Hallo-Männchen

 **4 bis 36 Monate**

 **Das fördern Sie**
Sprache, Wahrnehmung, Sozialverhalten

 **Das brauchen Sie**
eine Stoffwindel, einen Stoffmalstift

## So geht es

Verknoten Sie einen Zipfel der Stoffwindel und malen Sie mit dem Stoff-malstift ein Gesicht auf den Knoten. Auf den restlichen Stoffteil schrei-ben Sie „Hallo". Schon ist ein „Hallo-Männchen" entstanden, welches sich wunderbar für ein morgendliches Begrüßungsritual eignet.

Begrüßen Sie jedes Kind mit dem Hallo-Männchen und folgendem Spruch:

> „Der Hallo-Mann kommt bei dir an.
> Er sieht dich an und spricht zu dir:
> Hallo, mein Freund / meine Freundin, wie geht es dir?"

Das begrüßte Kind nimmt den Hallo-Mann in die Hand und berichtet, wie es sich fühlt. Danach bekommen Sie das Männchen wieder, um das nächste Kind damit zu begrüßen.

Lassen Sie den Kindern ausreichend Zeit, um über ihr Befinden zu spre-chen. Und sollte ein Kind nicht vor der Gruppe darüber reden wollen, ist es auch in Ordnung, wenn es den Hallo-Mann bloß in den Händen hält.

 **Tipp**
Sprechen Sie bei den jüngsten Kindern den Spruch langsam.
Für sie wird vor allem das Ertasten des Stoffwindelmännchens interessant sein.

*Begrüßungs- und Kontaktspiele*

# 6 Wer klopft denn da?

**24 bis 36 Monate**

**Das fördern Sie**
akustische Wahrnehmung, Sozialverhalten, Sprache

## So geht es

Besuch von lieben Freunden zu bekommen, ist etwas Schönes – häufig kann man das Klopfen an der Tür gar nicht erwarten. Das folgende Spiel wird den Kindern genau diese Spannung und Vorfreude vermitteln. Dafür gehen einige Kinder vor die Gruppentür und schließen sie hinter sich. Dann klopft ein Kind nach dem anderen an die Tür. Sobald die Kinder im Raum ein Klopfen hören, sprechen Sie zunächst gemeinsam folgenden Spruch:

> *„Wer klopft denn hier?*
> *Ich öffne schnell die Tür.*
> *Dann seh ich dich und freue mich*
> *und drücke dich ganz fest an mich!"*

Dann geht ein Kind zur Tür und öffnet sie. Die beiden Kinder, die sich dann gegenüberstehen, nehmen sich in den Arm.

**Variante**
Das Kind, welches die Tür öffnet, soll den Namen des Kindes sagen, das vor ihm in der offenen Tür steht.

Beruhigungs- und Kontaktspiele

# 7 Bedürfnisse wahrnehmen

 **24 bis 36 Monate**

 **Das fördern Sie**
Empathie, Achtsamkeit, Sozial- und Emotionalverhalten

 **Das brauchen Sie**
Kärtchen mit symbolischen Darstellungen von Grundbedürfnissen (am besten aus dem Internet), Puppe

## So geht es

Sprechen Sie mit den Kindern über die menschlichen Grundbedürfnisse – dass z. B. jeder Mensch, abgesehen von seinen Bedürfnissen nach Essen und Trinken, auch viel Liebe und Zuwendung in einem achtsamen Umfeld braucht. Suchen Sie dann gemeinsam mit den Kindern nach Bildern mit entsprechenden symbolischen Darstellungen (z. B. Bilder von einer Familie, von Freunden, von Essen und Trinken, von Wärme, Sonne oder Kleidung, von Schlaf oder Bewegung). Drucken Sie einige aus und laminieren Sie sie.

Spielen Sie dann mit den Kindern ein im Wohn- und Familienbereich angesiedeltes Rollenspiel, in das Sie die ausgedruckten Bildkarten integrieren. Legen Sie dafür die laminierten Karten offen hin und fragen die Kinder (z. B.), was die Puppe wohl davon brauchen könnte, wenn sie weint. Die Kinder sollen allein entscheiden, was ihr Püppchen gerade braucht (oder auch, was sie selbst brauchen). Helfen Sie ihnen mit offenen Fragen, über die Bedürfnisse der Puppe nachzudenken und darüber zu sprechen: „Weint das Püppchen wohl, weil es Hunger hat? Wenn ja, was glaubst du, könnte es brauchen? ... Genau, ein Fläschchen! Vielleicht möchte es aber auch einfach nur liebevoll in den Arm genommen werden? Dann braucht es Nähe und Zuwendung." Regen Sie die Kinder an, das, was sie zum Erfüllen der Bedürfnisse benötigen, selbst zu organisieren. Spielen Sie aktiv mit.

Indem die Kinder lernen, Bedürfnisse wahrzunehmen und adäquat darauf zu reagieren, entwickeln sie auch eine für den Alltag notwendige Sensibilität.

## 8 Schön, dass du heute da bist!

**12 bis 36 Monate**

**Das fördern Sie**
Sozialverhalten; Selbstvertrauen; das Gefühl, wertgeschätzt zu werden

**Das brauchen Sie**
kleine, laminierte Fotos der Kinder; gelben Fotokarton, Schere, selbstklebendes Klettverschlussband, eine Spiegelfliese

## So geht es

Kinder spüren, ob sie willkommen sind, ob man sich über ihre Anwesenheit freut. Zeigen Sie ihnen mit einem kleinen Ritual, dass Sie es schön finden, sie in Ihrer Gruppe zu haben.

Schneiden Sie dafür aus einem gelben Fotokarton einen größeren Kreis aus und so viele Streifen, wie Kinder in der Gruppe sind. Kleben Sie die Streifen so auf den Kreis, dass sie Sonnenstrahlen bilden, und dann die Spiegelfliese (abdeckend) obendrauf. Kleben Sie die „Willkommenssonne" in Kinderhöhe an einen geeigneten Platz (z. B. in der Garderobe). Laminieren Sie nun die Fotos der Kinder und befestigen Sie auf deren Rückseiten kleine Stücke des selbstklebenden Klettverschlussbandes – ebenso an den Enden der Sonnenstrahlen.

Nun dürfen die Kinder jeden Morgen nach ihrer Ankunft ihr Foto auf einen Sonnenstrahl kleben und sich dabei im Spiegel ansehen. Dieses kleine Ritual wird ihnen bewusst machen, dass sie angekommen und willkommen sind.

**Tipp**
Begrüßen Sie jedes Kind ab und zu auch ganz bewusst mit den Worten: „Schön, dass du heute da bist".

# 9 Wertschätzende Nachbarn

 **24 bis 36 Monate**

 **Das fördern Sie**
Sprache, Kreativität, Sozial- und Emotionalverhalten

 **Das brauchen Sie**
mehrere Schuhschachteln und die gleiche Anzahl Korken; Cutter,
Bastelkleber, Wolle, Fasermaler, Temperafarbe

## So geht es

Legen Sie die Schuhschachteln so nebeneinander (oder übereinander),
dass ein Puppenhäuschen mit mehreren „Zimmern" entsteht. Kleben
Sie die Schachteln mit Bastelkleber aneinander. Schneiden Sie dann mit
einem Cutter „Türen" aus den „Wänden" des Häuschens aus, sodass die
Zimmer verbunden sind. Die Innenwände des Puppenhäuschens bemalen die Kinder mit Temperafarbe.

Basteln Sie nun mit den Kindern Figuren aus den Korken – mit einem
Gesicht und aufgeklebten „Haaren" aus Wolle. Jedes Korkpüppchen
wohnt in einer Schachtel und alle sind „wertgeschätzte" Nachbarn, weil
sie sehr achtsam miteinander umgehen, sich regelmäßig besuchen und
einander helfen, wenn es nötig ist.

Spielen Sie zusammen mit den Kindern dieses Kleine-Welt-Spiel und
regen Sie sie dabei zum Dialog an. Auf diese Weise sammeln die Kinder
spielerisch sozial-emotionale Erfahrungen.

# 10  Wir halten zusammen

 **12 bis 36 Monate**

 **Das fördern Sie**
Sozialverhalten, Körperkoordination, Empathie

 **Das brauchen Sie**
für jedes Kind einen alten Kinderwollhandschuh; selbstklebendes
Klettverschlussband

## So geht es

Versehen Sie die Hälfte der Wollhandschuhe an den Handflächen mit je
einem Stück Klettverschlussband. Jedes Kind zieht nun einen Handschuh
an, mit oder ohne Klettverschluss. Anschließend gehen alle durch den
Raum und suchen nach einem Partner, an dessen Handschuh ihr Handschuh haften bleibt.
Haben sich zwei Kinder gefunden, gehen sie Hand in Hand durch den
Raum – und weil sie „aneinanderhaften", muss jedes Kind Rücksicht auf
die Bewegungen des anderen nehmen. Ein kurzer Spruch kann die Kinder
begleiten:

> *„Wir halten zusammen,*
> *weil uns etwas zusammenhält,*
> *und gehen und gehen*
> *gemeinsam durch die Welt!"*

 **Tipp**
Jüngere Kinder können dieses Spiel auch nur zu zweit spielen,
sodass sie nicht auf die Suche gehen müssen. Geben Sie ihnen
Zeit, mit diesem besonderen „Zusammenhalt" zu
experimentieren.

# 11 Sonnenbegrüßung

 **8 bis 36 Monate**

 **Das fördern Sie**
Sprache, Sozialverhalten, gegenseitige Achtung

 **Das brauchen Sie**
einen kleinen, gelben Filzkreis, eventuell einen Handwärmer

## So geht es

Diese kurze, freundliche Begrüßung eignet sich beispielsweise gut als Ritual im Morgenkreis. Nehmen Sie den Filzkreis in die Hand, gehen Sie zu einem Kind und geben Sie ihm die Hand so, dass der Filzkreis zwischen Ihren Händen liegt. Sagen Sie dabei folgenden Begrüßungsspruch auf: *„Ich schenk dir einen warmen Gruß und schick dir einen dicken Kuss!"* Anschließend pusten Sie dem Kind über Ihre Handfläche ein Küsschen zu. Wiederholen Sie diese Begrüßung bei jedem Kind.

 **Tipp**
Auf diese Weise können Sie auch ganz junge Kinder begrüßen.

 **Variante**
Die Kinder können sich gegenseitig mit dem Filzkreis begrüßen. Verwenden Sie für einen buchstäblich warmen Gruß den Handwärmer anstelle des Filzkreises.

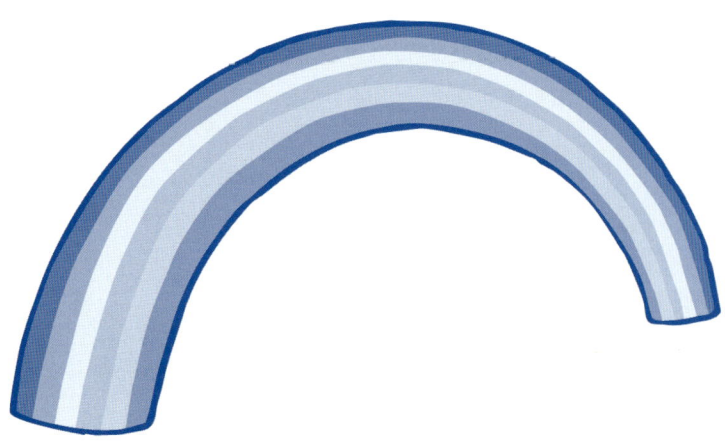

# 12  Ich bin da – du bist da!

**12 bis 36 Monate**

**Das fördern Sie**
Wahrnehmung, Sozialverhalten, Sprache, Rhythmusgefühl

## So geht es

Schon ein kleiner Spruch kann helfen, die Aufmerksamkeit der Jüngsten auf ihr Gegenüber zu richten. Dafür sitzen sich zwei Kinder gegenüber. Sprechen Sie zusammen mit ihnen folgenden Spruch:

> *„Ich bin da – du bist da.*
> *Das ist einfach wunderbar!"*

Jedes Kind patscht bei „Ich bin da" auf seine Oberschenkel und bei „du bist da" auf die Oberschenkel seines Partners. An der Stelle „Das ist einfach wunderbar!" nehmen sich die Kinder an den Händen, lächeln sich zu und strecken ihre Arme gemeinsam in die Höhe.

**Variante**
Statt „du bist da" können die Kinder auch den Namen ihres Spielpartners nennen, z. B.: „Jan ist da". (Auf diese Weise lernen sie auch schneller die Namen der Kinder aus ihrer Gruppe.)

## 13 Der Tag beginnt

 **12 bis 36 Monate**

 **Das fördern Sie**
Lebensfreude, Sprache, Motorik

## So geht es

Folgender kurzer Mitmachspruch eignet sich gut als achtsames Morgenritual, weil er den Kindern vermittelt, jeden Tag als ein Geschenk zu betrachten, über das sie sich freuen können. Dazu führen die Kinder passende Bewegungen aus:

*„Der Tag beginnt und ich bin froh –*
*drum klatsch ich dreimal einfach so!"*

 **Varianten**

■ Legen Sie vorab ein Bild mit einer Sonne auf eine blaue oder
schwarze Decke. Während die Kinder den Spruch aufsagen, lassen
Sie die Sonne „aufgehen", indem Sie das Bild langsam hochneh-
men und es hochhalten.

■ Anstatt zu klatschen, können die Kinder auch springen,
stampfen, schnippen etc., wobei der letzte Vers entsprechend
verändert wird („drum spring ich dreimal einfach so!").

# 14  Alle unter einem Dach

 **12 bis 36 Monate**

 **Das fördern Sie**
Sozialverhalten, Zusammengehörigkeitsgefühl

 **Das brauchen Sie**
einen mittelgroßen Karton; kleine, laminierte Fotos der Kinder;
für jedes Kind ein Schaschlikstäbchen; einen Bogen Fotokarton (in
der Größe des Kartons); ein Stück Styropor® (etwas kleiner als die
Öffnung des Kartons); Klebestreifen, Temperafarbe, Schere, Kleber

## So geht es

Basteln Sie gemeinsam mit den Kindern aus dem Karton ein „Kita-Haus":
Legen Sie dafür den Karton mit der Öffnung nach vorn auf den Boden
und schieben Sie das Styropor® als Boden des „Hauses" von vorn hinein.
Die Außenseiten des Kartons bemalen die Kinder mit Temperafarbe.
Falten Sie anschließend den Fotokarton so, dass er als „Dach" auf das
Haus geklebt werden kann. Kleben Sie nun jedes Kinderfoto mit Klebe-
streifen am Ende eines Schaschlikstäbchens fest.

Steht das fertige Kita-Haus, führen Sie ein Morgenritual ein, bei dem
jedes Kind nach seiner Ankunft das Stäbchen mit seinem Foto in das
Styropor® steckt. Sind alle Kinder da, wird der Boden in das Häuschen
geschoben – die Kinder sind in der Kita angekommen! Und dank der
Fotos im Kita-Häuschen kann jedes Kind auch sehen, wer heute da ist,
mit wem es also „unter einem Dach" spielen kann.

## 15 Alle Kinder sind schon da!

 **12 bis 36 Monate**

 **Das fördern Sie**
Wir-Gefühl, Wahrnehmung, Sprache

### So geht es

Mit folgendem Lied können Sie die Kinder aus Ihrer Gruppe morgens wunderbar willkommen heißen. Setzen Sie sich dafür alle in einen Kreis und singen Sie das Lied zu der Melodie von „Alle Vögel sind schon da".

*„Alle Kinder sind schon da,*
*alle Kinder, alle.*
*Hanna, Niklas und Sophie,*
*Jonas, Philipp und ... (alle Kindernamen).*
*Wir freuen uns nun auf den Tag,*
*was er uns wohl bringen mag?"*

Die eingängige Melodie und der freundliche Text sorgen dafür, dass sich die Kinder willkommen fühlen und sich gemeinsam auf den Tag freuen.

# **16** Wer ist heute da?

 **12 bis 36 Monate**

 **Das fördern Sie**
Wir-Gefühl, visuelle Wahrnehmung, Sprache

 **Das brauchen Sie**
Fotokarton, Fotos der Kinder in doppelter Ausführung,
einen kleinen Korb, Kleber

## So geht es

Nehmen Sie sich bewusst Zeit, um mit den Kindern durchzugehen, wer
heute da ist. Basteln Sie dafür ein Gruppenplakat, indem Sie Fotos von
allen Kindern der Gruppe auf den Fotokarton kleben. Die anderen Fotos
legen Sie ins Körbchen.

Alle Kinder versammeln sich im Kreis. In der Mitte liegt das Gruppenplakat, daneben das Körbchen mit den Fotos. Die Kinder sollen sich zunächst
im Kreis genau umsehen, um herauszufinden, welche Spielpartner heute
da sind. Anschließend sucht jedes Kind sein Foto im Körbchen, um es
seinem Foto auf dem Gruppenplakat zuzuordnen. Hat das Kind das Foto
auf dem Plakat gefunden, legt es das lose Foto obendrauf.

# 17 Sternstunden

 **18 bis 36 Monate**

 **Das fördern Sie**
Konzentration, Ruhe, Kreativität

 **Das brauchen Sie**
eine Lichterkette, eine blaue Decke oder blauen Stoff, ein paar
Strohsterne, einige ausgestanzte Sterne

## So geht es

Dieses Angebot eignet sich sehr gut als Ruhe- und Konzentrationsübung.
Breiten Sie zunächst die blaue Decke oder den blauen Stoff auf dem
Boden aus und legen Sie die Lichterkette bereit. Setzen Sie sich dann mit
den Kindern im Kreis um die Decke. Geben Sie nun ein Ende der Lichterkette an Ihr Nachbarkind weiter. Dieses Ende soll nun von Kind zu Kind
wandern, begleitet von dem Spruch:

> *„Ich schenk dir einen Stern*
> *und sag dir so: Ich hab dich gern!"*

Die Kette wandert so lange, bis sie von allen Kindern in der Hand gehalten wird. Wenn das passiert ist, erfolgt der Überraschungseffekt: Die
Kette wird angeschaltet und leuchtet.
Die leuchtende Kette wird kreisförmig auf die Decke (den dunklen Nacht-
himmel) gelegt. Diesen „Sternenhimmel" schmücken die Kinder zusätz-
lich mit den Stroh- und Papiersternen (oder auch mit Sternen von Christ-
baumketten etc.).

 **Variante**
Dieses Angebot eignet sich auch sehr gut für die Adventszeit.
Zünden Sie während des Spiels in jeder Adventswoche ein weite-
res Teelicht in einem Glas an und die Kinder können für jeden Tag
bis Weihnachten ein Sternchen dazulegen.

# 18 Der Schlüssel zum Herzen

 **24 bis 36 Monate**

 **Das fördern Sie**
Kooperationsfähigkeit, visuelle Wahrnehmung,
Auge-Hand-Koordination

 **Das brauchen Sie**
bunten Fotokarton, braunen oder goldenen Fotokarton, Schere,
Kleber

## So geht es

Schneiden Sie für die Hälfte der Kinder etwas größere Herzen aus buntem Fotokarton und dann vom Rand eines jeden Herzens je eine bestimmte Form aus (Kreis, Dreieck, Viereck ...). Aus dem braunen oder goldenen Karton schneiden Sie nun so viele Schlüssel wie Formen aus und kleben je einen Schlüssel auf eine Form.
Nun machen sich die Kinder auf die Suche – nach den passenden Schlüsseln bzw. Formen sowie nach den passenden Herzen. Besonders viel Spaß wird es ihnen machen, wenn sie zu zweit suchen.

# 19 Liebesgeflüster

**24 bis 36 Monate**

**Das fördern Sie**
Sozial- und Emotionalverhalten, Sprache, akustische Wahrnehmung, Achtung und Wertschätzung innerhalb der Gruppe

**Das brauchen Sie**
eine Pappröhre, Temperafarbe

## So geht es

Die Kinder bemalen eine Pappröhre mit Temperafarbe. Sie können sie dabei unterstützen, indem Sie die Röhre bei Bedarf festhalten. Die getrocknete Röhre dient als Sprachrohr für das „Liebesgeflüster".
Zeigen Sie zunächst den Kindern, wie das funktioniert: Halten Sie einem Kind die Röhre vorsichtig ans Ohr und sprechen Sie ein paar nette Worte leise hinein, z. B.: „Schön, dass du heute da bist, Linda!" Ermutigen Sie dann die Kinder, sich gegenseitig etwas Liebevolles über das Sprachrohr zuzuflüstern – dabei kann es sich durchaus auch bloß um ein liebevolles „Hallo!" handeln.

**Tipp**
Achten Sie darauf, dass die Kinder nicht zu laut in die Röhre sprechen oder sogar schreien.

# 20 Herzlich willkommen

 **10 bis 36 Monate**

 **Das fördern Sie**
Auge-Hand-Koordination, Sozialverhalten, Motorik

 **Das brauchen Sie**
selbstklebende Glitzerfolie, einen Ball, eine Schere

## So geht es

Schneiden Sie für dieses Begrüßungsritual (z.B. im Morgenkreis) aus selbstklebender Glitzerfolie Herzen aus und kleben Sie sie auf einen Ball. Der „Herzball" rollt nun von Kind zu Kind, während sich die Kinder mit „Herzlich willkommen!" begrüßen.

 **Tipp**
Versuchen Sie, Blickkontakt zu jedem Kind herzustellen, welches Sie begrüßen.

 **Variante**
Sie rollen den Ball jedem Kind zu (jedes Kind rollt ihn also auch zu Ihnen zurück). Nennen Sie mit dem Willkommensgruß auch den Namen des entsprechenden Kindes, so wird der Gruß persönlicher – und das Kind kann sich auf den kommenden Ball vorbereiten.

## 21 Begrüßungsrap

 **12 bis 36 Monate**

 **Das fördern Sie**
Rhythmusgefühl, Sprechfreude, Gemeinschaftsgefühl

## So geht es

Mit einer Portion Rhythmus und schwungvollen Wiederholungen geht
vieles leichter – so auch das Sprechen oder die Kontaktaufnahme. Kinder
lieben es, im Rhythmus zu klatschen. Verbindet man Bewegung mit
Sprache, werden auch Reime für die Kinder ansprechender und
spannender.
Setzen Sie sich für diesen Begrüßungsrap mit den Kindern in einen Kreis.
Rappen Sie gemeinsam folgenden Vers und klatschen Sie dazu abwech-
selnd in die Hände und auf die Oberschenkel:

> *„Seht mal her, seht mal her, dann entdeckt ihr mehr!*
> *Der Marc* (alle Kindernamen) *ist heute da – er freut sich sehr, hurra!*
> *Gemeinsam wollen wir lachen und viele Faxen machen!"*

 **Variante**
Die begleitenden Bewegungen können Sie auch etwas erschweren: Statt in die Hände und auf die Oberschenkel zu klatschen,
sollen die Kinder z.B. hinter dem Rücken oder auf ihre Fußsohlen
klatschen; diese Bewegungen fördern die Körperkoordination.
Um die Jüngsten nicht zu überfordern, sollten Sie die motorische
Übung erst dann erschweren, wenn die Kinder mit dem Rapvers
gut vertraut sind.

# 22 Post für dich!

**12 bis 36 Monate**

**Das fördern Sie**

Sprache, soziale Interaktion, Raumorientierung

**Das brauchen Sie**

mehrere große Kartons (in die Kinder hineingehen oder -krabbeln können), einen Cutter, Fotos der Kinder in doppelter Ausführung, Briefumschläge, Büroklammern, wiederverwendbare Klebepads, eine Tasche

## So geht es

Stellen Sie mehrere Kartons mit der Öffnung auf den Boden und schneiden Sie mit dem Cutter in jeden Karton ein kleines Fenster und eine Tür hinein. Die Türen sollten sich gut öffnen bzw. schließen lassen und so groß ausfallen, dass die Kinder gut hinein- und hinausgehen (oder -krabbeln) können. Die Kinder bereiten Briefe für ihre Freunde vor. Dafür können sie etwas zeichnen oder auch nur kleine, lustige Papierschnipsel oder ausgestanzte Motive aus Papier in einen Briefumschlag stecken. Befestigen Sie gemeinsam mit den Kindern auf jedem Umschlag das Foto des „Empfängers" mit einer Büroklammer.

Ein Kind übernimmt die Rolle des Briefträgers. Alle anderen Kinder suchen sich allein oder zu zweit ein „Häuschen" aus. Die Fotos der „Häuschenbewohner" werden mit Klebepads an ihrer „Haustür" befestigt.

Jetzt macht sich der Briefträger an die Arbeit: Alle Briefe werden in die Tasche gesteckt und müssen nun ausgetragen werden. Für wen ist der erste Brief? Das Foto auf dem Umschlag verrät es. Also macht sich der Briefträger auf die Suche: In welchem Häuschen „wohnt" der Empfänger? Hat er ihn gefunden, klopft er an die Tür, sagt „Post für dich!" und gibt ihm den Brief.

**Tipp**

Vertauschen Sie die Rollen (und entsprechend die Fotos) der Kinder. Auf diese Weise bleibt das Spiel abwechslungsreich – und anschließend wird der Mut der Kinder zur Kontaktaufnahme gewachsen sein!

# 23  Auf das Herz hören

 **24 bis 36 Monate**

 **Das fördern Sie**
akustische Wahrnehmung, Rhythmus- und Taktgefühl,
Körperwahrnehmung

 **Das brauchen Sie**
eine Handtrommel

## So geht es

Diese Übung sensibilisiert die Kinder für ihr Herz, hilft ihnen, es wahr-
zunehmen, es zu lokalisieren und sein Schlagen zu fühlen. Sprechen
Sie zunächst in der Gruppe über die Aufgabe, die das Herz in unserem
Körper erfüllt: Sein Pumpen erhält uns am Leben.
Anschließend versuchen alle Kinder, mit der flachen Hand (und eventuell
mit Ihrer Unterstützung) ihren Herzschlag zu fühlen. Auf diese Weise
können sie auch herausfinden, wo ihr Herz sitzt – lassen Sie vorher die
Kinder einige Male kräftig auf und ab springen, danach geht das leichter.
Nachdem jedes Kind seinen eigenen Herzschlag gefühlt hat, soll es ver-
suchen, das Herz seines Nachbarn zu spüren.
Haben alle Kinder das Schlagen ihres Herzens gefühlt, sollen sie es nun
auch hören – und zwar lauter als bisher. Dafür bekommen alle Kinder der
Reihe nach die Handtrommel. Das Kind, welches an der Reihe ist, legt
eine flache Hand auf sein Herz oder auf das seines Freundes und klopft
mit der anderen Hand den gefühlten Rhythmus auf die Trommel.

# 24 Nanu, wo bist denn du?

 **12 bis 36 Monate**

 **Das fördern Sie**
Merkfähigkeit, Konzentration, Raum-Lage-Gefühl

 **Das brauchen Sie**
für jedes Kind den Deckel eines Einmachglases, Fotos der Kinder
(in Passfotogröße)

## So geht es

Verteilen Sie vorab die Deckel mit der Oberseite nach oben auf einem
Tisch und verstecken Sie unter jedem Deckel ein Foto. Der Reihe nach
dürfen die Kinder nun nach dem Deckel mit ihrem Foto suchen. Wer
am schnellsten sein Foto findet, hat gewonnen.

 **Varianten**
■ Entdeckt ein Kind beim Suchen das Foto eines Freundes,
soll es den Namen des Kindes nennen.
■ Mit Fotos in doppelter Ausführung können Sie auch ein
Memory®-Spiel spielen.

## 25 Lustiger Freundegruß

 **12 bis 36 Monate**

 **Das fördern Sie**
Körperkoordination, Sozialverhalten, Sprache

### So geht es

Freunde erfinden manchmal einen eigenen, ganz persönlichen Gruß.
Zeigen Sie ihnen eine lustige Gruß-Idee: Die Kinder setzen sich einander
gegenüber und führen die zu folgendem Spruch passenden Bewegungen
aus:

*„Hand an Hand, Fuß an Fuß,*
*das ist unser lustiger Freundegruß!"*

 **Variante**
Anstelle von „Hand an Hand" können beliebige Körperteile ge-
nannt und die Bewegungen entsprechend ausgeführt werden,
z.B. Ohr, Stirn, Schulter etc.

# Mit Reimen zum Wir-Gefühl

Sprache verbindet. Deswegen ist es wichtig, schon junge Kinder für einen achtsamen und respektvollen Umgang mit Wörtern zu sensibilisieren und auf diese Weise das Fundament für ein gutes und harmonisches Miteinander zu legen.

In diesem Kapitel finden Sie eine Fülle von einfachen Reimen und Sprüchen, die Kinder zu liebevollen und achtsamen sprachlichen Interaktionen animieren werden. Eine besondere Bedeutung kommt dabei dem Zusammenspiel von Sprache und Bewegung zu, weil das die Kinder beim Aufbau von Sprachverständnis unterstützt.

Ein junges Kind braucht Wiederholungen, auch in diesem Zusammenhang. Denn erst, wenn Kinder mit einem Wortklang oder einer Sprachmelodie vertraut sind, werden sie Mut fassen, um mitzusprechen. Spielen Sie die ausgesuchten Spiele deswegen immer wieder – es wird sich lohnen!

# 26 Ich bin nicht allein!

 **10 bis 36 Monate**

 **Das fördern Sie**
Sozialverhalten, Sprache, Gefühl für den Sprachrhythmus

 **Das brauchen Sie**
ein Seil oder eine dickere Wollschnur

## So geht es

Legen Sie mit dem Seil oder mit der Wollschnur einen großen Kreis auf den Boden (so groß, dass alle Kinder in der Mitte Platz haben). Setzen Sie sich in die Kreismitte und rufen Sie nach und nach jedes Kind zu sich, indem Sie gemeinsam mit allen Kindern folgenden Spruch aufsagen:

> *„Ene, mene, mein,*
> *ich bin nicht allein!*
> *„Der Leo* (Name eines Kindes) *kommt zu mir herein.*
> *Das ist wirklich fein!"*

Begrüßen Sie das ausgewählte Kind freundlich und wiederholen Sie diese Vorgehensweise so lange, bis sich alle Kinder in der Kreismitte befinden.

 **Variante**
Jedes Kind klatscht beim Aufsagen des Spruches auf seine Oberschenkel. Auf diese Weise kommt Bewegung ins Spiel und die Kinder bekommen ein Gefühl für den Sprachrhythmus.

Mit Reimen zum Wir-Gefühl

# 27 Aus zwei wird vier

 **12 bis 36 Monate**

 **Das fördern Sie**
Sprache, Rhythmusgefühl, Sprachverständnis

## So geht es

Zwei Kinder drehen sich im Kreis – das begeistert auch die Jüngsten.
Begleitet werden sie von folgendem Spruch, der ganz spielerisch auch
das Zusammengehörigkeitsgefühl der Kinder unterstützt:

> *„Unsere Hände reichen wir,*
> *dann werden aus zwei plötzlich vier!*
> *Das freut uns beide wirklich so!*
> *Wir tanzen nun im Kreis*
> *und sagen uns ‚hallo!'."*

Bei „hallo" winken sich die Kinder zu. Anschließend suchen sie sich neue
Partner aus, dann wird das Spiel genauso fortgesetzt.

 **Tipp**
Unterstützen Sie jüngere Kinder dabei, einen neuen Spielpartner
zu finden.

Mit Reimen zum Wir-Gefühl

## 28 Schattengehen

 **18 bis 36 Monate**

 **Das fördern Sie**
Raum-Lage-Gefühl, Sozialverhalten, Sprache, Sprachverständnis

## So geht es

Die Kinder bilden Paare. Dann geht das eine Kind eines jeden Paares durch den Raum – ganz nach Belieben. Das andere Kind folgt ihm und sagt dabei folgenden Spruch auf:

*„Auf Schritt und Tritt*
*geh ich mit dir mit!"*

Nach einiger Zeit werden die Rollen getauscht.

 **Tipp**
Unterstützen Sie die nachgehenden Kinder dabei, dem Vorderkind richtig zu folgen.

 **Variante**
Ermutigen Sie die Kinder dazu, verschiedene Bewegungsmuster auszuprobieren.

Mit Reimen zum Wir-Gefühl

# 29 Lachen tut gut!

**18 bis 36 Monate**

**Das fördern Sie**
Sozialverhalten, Mundmotorik, Sprache

**Das brauchen Sie**
einen Handspiegel

## So geht es

Die Kinder sitzen im Kreis. Jedes Kind betrachtet sich nach und nach in dem Spiegel: Wie sieht es aus, wenn es lacht? Zu folgendem Spruch kann es dann sich selbst und seinen Freunden ein schönes Lächeln schenken:

> *„Lachen, das tut gut!*
> *Es macht mir Mut*
> *und macht mich froh,*
> *darum mach ich's so."*

Nach dem Wort „so" lachen sich die Kinder im Spiegel an.

Mit Reimen zum Wir-Gefühl

## 30 Gefühlemix

 **24 bis 36 Monate**

 **Das fördern Sie**
Sozial- und Emotionalverhalten, Sprache

 **Das brauchen Sie**
Karteikarten, einen Kochtopf, einen Kochlöffel

### So geht es

Die Gefühlswelt ist für Kinder manchmal wie eine Achterbahnfahrt.
Deswegen ist es wichtig, auch schon den Kleinsten zu zeigen, dass sie
mit ihren oft widersprüchlichen Gefühlen angenommen und verstanden
werden, dass sie also Gefühle zulassen dürfen. Dies können Sie ihnen mit
folgendem Spiel verdeutlichen.
Malen Sie auf Karteikarten Gesichter, die unterschiedliche Gefühlslagen
zeigen. Legen Sie dann die „Gefühlskarten" in den Suppentopf. Ein Kind
nach dem anderen stellt sich nun mit dem Kochlöffel daneben und folgender Spruch wird aufgesagt:

>  „Manchmal ist es wie verflixt
>  mit diesem seltsamen Gefühlemix!
>  Lachen, weinen, wütend sein –
>  so bunt kann unser Leben sein.
>  Wir rühren jetzt ganz kräftig um
>  und fragen uns: Was kommt denn nun?"

An der Stelle „Wir rühren jetzt ganz kräftig um" rührt das Kind in dem
Topf. Ist der Spruch zu Ende, zieht es ein Kärtchen heraus. Welches Gefühl
wird darauf dargestellt? Sprechen Sie mit jedem Kind darüber. Stellen Sie
anschließend alle das entsprechende Gefühl mimisch dar.

Mit Reimen zum Wir-Gefühl

# 31 Zauberei

 **6 bis 36 Monate**

 **Das fördern Sie**
visuelle Wahrnehmung, Sprache, Konzentration

 **Das brauchen Sie**
eine Stoffwindel

## So geht es

Die Stoffwindel ist heute ein Zaubertuch – und damit kann man zaubern! Fragen Sie die Kinder, wer mit Ihnen zaubern möchte. Das entsprechende Kind kommt zu Ihnen und Sie sprechen folgenden Zauberspruch:

> *„Zauber, Zauber, Zauberei,*
> *das Zaubertuch kommt nun herbei.*
> *Es zaubert mit uns, doch oh Schreck!*
> *Jetzt ist ganz plötzlich Lea* (Name einsetzen) *weg!*
> *Doch wenn wir rufen: Sim, sala, sa!*
> *Ist Lea ganz schnell wieder da!"*

Schwingen Sie bei „Zauber, Zauber" das Tuch, bei „oh Schreck!" halten Sie es vor das Kind und bei „Sim, sala, sa" lassen Sie es fallen.

 **Variante**
Bestimmt möchten auch die Kinder kleine Zauberer sein, die einen Freund „verschwinden" lassen! Unterstützen Sie sie dabei.

## 32  Neben dir und neben mir

  **12 bis 36 Monate**

  **Das fördern Sie**
Raum-Lage-Gefühl, Sozialverhalten, Sprache, Sprachverständnis

  **Das brauchen Sie**
Decken oder Matten

### So geht es

Breiten Sie die Decken oder Matten auf dem Boden aus. Die Kinder legen sich mit dem Rücken darauf und sehen sich um: Wen oder was sehen sie? Lassen Sie sie erzählen. Fragen Sie dann jedes Kind einzeln, welches Kind neben ihm liegt. Gehen Sie dann von einem nebeneinanderliegenden Kinderpaar zum nächsten und sprechen Sie mit jedem Paar folgenden Spruch:

> *„Ich leg mich jetzt gemütlich hin*
> *und schau genau hin, wo ich bin.*
> *Wer ist da neben mir?*
> *Die Klara* (Name einsetzen), *die ist hier!*
> *Ich reich ihr/ihm meine Hand und sag:*
> *Ich wünsch dir einen guten Tag!"*

Die beiden Kinder reichen sich bei „Ich reich ihr/ihm meine Hand" die Hände und lächeln sich zu.

# 33 Herzenswärme

**12 bis 36 Monate**

**Das fördern Sie**
Sozialverhalten, Empathie, Achtsamkeit, Sprache

**Das brauchen Sie**
evtl. einen Handwärmer

## So geht es

Freude und Herzenswärme zu verschenken, ist eine Bereicherung sowohl für den Schenkenden als auch für den Beschenkten. Diese kurze Übung lässt sich wunderbar im Morgenkreis oder mittags, während eines gemütlichen Zusammentreffens, durchführen.

Die Kinder sitzen dicht nebeneinander im Kreis. Fragen Sie sie zunächst, ob sie wissen, wo ihr Herz ist. Jedes Kind soll einmal die Hand auf die entsprechende Stelle legen. Können alle ihr Herz spüren? Erklären Sie ihnen dann, was Herzenswärme ist, dass sie diese selbst brauchen, aber auch verschenken können. Zum Glück hat man davon unendlich viel! Zu folgendem Spruch hält nun ein Kind die Hand auf seine Brust, um dann etwas von seiner Herzenswärme an seinen Nachbarn weiterzugeben – indem er seine Hand auf dessen Brust legt:

> *„Die Herzenswärme schenk ich dir –*
> *fühl mal schnell, sie ist schon hier!*
> *Sie gibt dir Wärme und auch Mut –*
> *dann geht es dir ganz sicher gut!"*

Hat das Kind die Herzenswärme empfangen, verschenkt es nun selbst (begleitet von dem Spruch) etwas von seiner Wärme an sein nächstes Nachbarkind – und so weiter, bis jedes Kind einmal geschenkt hat und einmal beschenkt wurde.

**Variante**
Ein Handwärmer wird von Kind zu Kind weitergereicht, indem er an die Brust des Nachbarkindes gehalten wird. Auf diese Weise können die Kinder die „Herzenswärme" tatsächlich fühlen.

# 34 Ich schenk dir einen Sonnenschein

 **18 bis 36 Monate**

 **Das fördern Sie**
Sozialverhalten, Sprache, visuelle Wahrnehmung

 **Das brauchen Sie**
eine Taschenlampe

## So geht es

Zeigen und erklären Sie zunächst den Kindern die Taschenlampe und verdunkeln Sie dann den Raum. Spielen Sie nun einige Lichtspiele, indem Sie durch das Zimmer leuchten. Dabei können die Kinder dem Lichtstrahl mit den Augen folgen oder zu ihm hingehen bzw. -krabbeln. Lassen Sie sie anschließend mit der Taschenlampe experimentieren.

Fragen Sie danach die Kinder, ob sie etwas kennen, das uns Menschen ganz viel Licht spendet – etwas, das am Morgen auf- und am Abend wieder untergeht. Haben die Kinder herausgefunden, dass die Sonne mit ihren Strahlen gemeint ist, schenken Sie nun jedem Kind der Reihe nach einen „Sonnenstrahl" mit der Taschenlampe, begleitet von dem Spruch:

> *„Ich schenk dir einen Sonnenschein,*
> *er leuchtet in dein Herz hinein."*

Anschließend leuchten sich die Kinder gegenseitig mit der Taschenlampe auf die Brust und verschenken somit „Sonnenstrahlen".

 **Tipp**
Unterstützen Sie die Kinder anfangs beim Umgang mit der Taschenlampe und achten Sie darauf, dass sie sich nicht in die Augen leuchten.

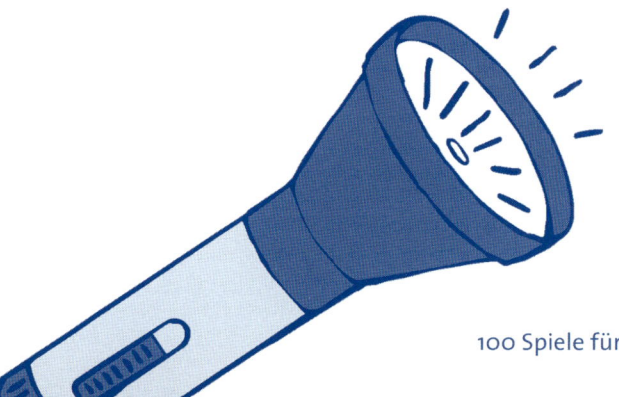

# 35 Das Band der Freundschaft

**12 bis 36 Monate**

**Das fördern Sie**
Sozialverhalten, Wir-Gefühl, Sprache

## So geht es

Setzen Sie sich alle in einen Kreis. Ein Kind nach dem anderen geht, begleitet von folgendem Spruch, im Kreis herum und sucht sich einen oder zwei Partner aus, die es an die Hand nimmt:

> *„Nimm mich an die Hand –*
> *dann bilden wir ein Freundschaftsband.*
> *Wir gehen rundherum*
> *und schauen uns nach Freunden um!"*

Das Spiel wird so zu einem lustigen Anhänge-Spiel und dauert so lange, bis alle Kinder Hand in Hand umherspazieren.

Mit Reimen zum Wir-Gefühl

## 36 Kitzelreim

**4 bis 36 Monate**

**Das fördern Sie**
Körperkontakt, Vertrauen, Körperwahrnehmung

### So geht es

Der folgende Reim eignet sich wunderbar für die Momente, in denen die Kinder ein Bedürfnis nach körperlicher Nähe haben. Gerade Krippenkinder brauchen immer wieder intensive körperliche Zuwendung, weil sie sich dann geborgen fühlen. Der Reim wird von passenden Kitzel- und Streichelbewegungen begleitet:

> *„Ein kleines Mäuschen*
> *sucht bei dir ein Häuschen.*
> *Krabbelt übern Fuß hinauf*
> *bis zu deinem Bauch.*
> *Über den Arm, da saust es heiter,*
> *bis zu deinem Kopfe weiter.*
> *Am Kopf, da baut es sich ein Nest*
> *und schläft dort tief und fest.“*

**Tipp**
Beobachten Sie genau, ob jedes Kind das Kitzeln als angenehm empfindet. Manche Kinder reagieren sehr sensibel darauf.

# 37 Freunde haben, das ist fein!

**24 bis 36 Monate**

**Das fördern Sie**
Sprache, Sprachverständnis, Sozialverhalten, Motorik

## So geht es

Sprechen Sie mit den Kindern über ihre Freunde: Wie heißen sie? Was kann man mit Freunden machen? Sagen Sie dann alle zusammen ganz langsam folgenden Spruch auf – und machen Sie dabei gemeinsam passende Bewegungen dazu:

*„Freunde haben, das ist fein!*
*Dann ist man gar nicht oft allein.*
*Beim Springen oder Faxenmachen –*
*mit Freunden kann man ganz viel lachen!*
*Beim Tanzen und beim leisen Schleichen –*
*ein Freund wird niemals von dir weichen!"*

**Variante**
An der Stelle „ein Freund wird niemals von dir weichen" können die Kinder einen Freund umarmen.

Mit Reimen zum Wir-Gefühl

# 38 Wanderherzchen

 **12 bis 36 Monate**

 **Das fördern Sie**
visuelle und taktile Wahrnehmung, Aufmerksamkeit, Sprache, Sozialverhalten

 **Das brauchen Sie**
ein kleines Papierherzchen aus buntem Papier

## So geht es

Setzen Sie sich alle gemeinsam in einen Kreis. Zeigen Sie den Kindern das Papierherz und sagen Sie ihnen, dass dies ein kostbarer Schatz ist, der von einem Kind zum anderen wandern möchte. Zu folgendem Spruch reicht nun jedes Kind das Herz weiter:

> *„Von einem zum andern,*
> *so möchte das Herzchen nun wandern.*
> *Doch plötzlich bleibt es stehn –*
> *wer kann das Herzchen sehn?"*

Bei „bleibt es stehn" wird das Herz von dem Kind, welches es gerade bekommen hat, mit der Hand bedeckt. Bei wem ist das Herz? Das Kind, welches es errät, setzt das Spiel fort.

# 39 Gemeinsam auf Entdeckungsreise

**18 bis 36 Monate**

**Das fördern Sie**

Wahrnehmung, Sprachverständnis, Empathie

**Das brauchen Sie**

Bildkarten mit folgenden Motiven: Berg, kleiner Zwerg, Haus, Maus, Fliege und Ziege (auf der Folgeseite finden Sie eine Kopiervorlage); einen Holzreifen

Für dieses Spiel benötigen Sie viel Platz; spielen Sie es deswegen in einem größeren Raum (im Bewegungsraum, wenn vorhanden).

## So geht es

Zeigen Sie den Kindern jede Bildkarte und sprechen Sie mit ihnen darüber. Dabei können Sie z. B. fragen, was darauf zu sehen ist, ob das Kind so etwas schon einmal gesehen hat usw. Verteilen Sie anschließend alle gemeinsam die Karten auf den gesamten Raum. Gehen Sie dann mit den Kindern von Karte zu Karte und sprechen Sie noch einmal über das, was darauf zu sehen ist. Legen Sie zum Schluss den Holzreifen auf den Boden. Nun gehen jeweils zwei Kinder auf „Entdeckungsreise" – und zwar so, wie es in dem sie begleitenden Spruch vorgegeben wird: Sie gehen/hüpfen/wandern/schleichen usw. Hand in Hand durch den Raum und suchen die jeweils angekündigte Station auf:

> *„Ich reich dir meine Hand und geh mit dir durchs Land.*
> *Wir wandern jetzt zum Berg und dann zum kleinen Zwerg.*
> *Gleich hüpfen wir zur Fliege und schleichen noch zur Ziege.*
> *Wir laufen schnell zum Haus und kriechen auch zur Maus.*
> *Dann ist unsere Reise aus – wir gehen schon nach Haus."*

An der Stelle „wir gehen schon nach Haus" setzen sich beide Kinder in den Reifen.

**Tipp**

Sprechen Sie den Spruch langsam, damit die Kinder Zeit haben, die nächste Karte zu erreichen. Gehen Sie am Anfang mit, um ihnen bei der Orientierung zu helfen.

# Kopiervorlage: Gemeinsam auf Entdeckungsreise

© Verlag an der Ruhr | Autorin: Katrin Weitzer | Illustration: Petra Lefin | ISBN 978-3-8346-2898-5 | www.verlagruhr.de

100 Spiele für ein gutes Miteinander

Mit Reimen zum Wir-Gefühl

# 40  Herzchenstäbe

 **18 bis 36 Monate**

 **Das fördern Sie**
Feinmotorik, Sozialverhalten, Empathie

 **Das brauchen Sie**
für jedes Kind einen Trinkhalm, mehrere Federn und kleine Herzchen zum Aufkleben; Klebeband

## So geht es

Jedes Kind beklebt seinen Trinkhalm mit den Herzchen und steckt mehrere Federn in ein Ende des Halms (die Federn können mit Klebeband fixiert werden). Fertig ist der „Herzchenstab", der Freunde mit einer liebevollen Botschaft verzaubern kann. Dafür berühren die Kinder ihre Freunde mit dem Stab und sagen:

*„Ich berühre dich mit dem Herzchenstab –*
*es ist ein Zeichen, wie lieb ich dich hab!"*

Bestimmt werden mit dieser lieben Geste die Herzen der Freunde wahrhaftig berührt!

Mit Reimen zum Wir-Gefühl

## 41 Mein Fantasiefreund aus dem Suppentopf

 **18 bis 36 Monate**

 **Das fördern Sie**
Sprache, Fantasie, Kreativität

 **Das brauchen Sie**
einen Topf mit Deckel;
für die Gestaltung eines Püppchens: unterschiedliche, kleine
Tücher, Märchenwolle, bunte Wollknäuel und verschiedene
Kreativmaterialien (Papier, Stoff etc.)

## So geht es

Jedes Kind bastelt sich ein Püppchen, einen „Fantasiefreund". Zunächst
überlegen die Kinder, aus welchen Materialien sie ihren Freund gestalten
könnten. Unterstützen Sie sie dabei, machen Sie jedoch keine genauen
Vorgaben. Sind die Püppchen fertig, legt jedes Kind der Reihe nach seinen „Freund" in den Topf und sagt dabei gemeinsam mit Ihnen folgenden Spruch auf:

*„Ich hab sein Bild ganz klar im Kopf –*
*von meinem Freund aus dem Suppentopf!*
*Mach ich den Deckel auf, dann guckt er munter schon heraus.*
*Er blickt mich an und spricht mir zu: Mein allerbester Freund bist du!*
*Dann nehm ich meinen kleinen Held*
*und geh mit ihm durch meine Welt.*
*Mein Freund ist immer für mich da – das ist doch wirklich wunderbar!*
*Am Abend geht er dann zur Ruh, ich mach für ihn den Deckel zu.*
*Ich sag ihm leise: Gute Nacht,*
*heut hast du mich wieder glücklich gemacht!"*

Passend zum Text, hebt jedes Kind den Deckel hoch, nimmt seinen
Fantasiefreund heraus und geht mit ihm spazieren – vielleicht drückt
es den Freund auch fest an sich. An der Stelle „Am Abend geht er dann
zur Ruh ..." legt das Kind sein Püppchen wieder in den Suppentopf und
schließt vorsichtig den Deckel.

Mit Reimen zum Wir-Gefühl

## 42 Herzchen angeln

**12 bis 36 Monate**

**Das fördern Sie**
Sprache, Auge-Hand-Koordination, Wahrnehmung,
Farberkennung

**Das brauchen Sie**
ein größeres (mit Wasser gefülltes) Gefäß, eine Schere,
Moosgummi, 2 Siebe

### So geht es

Schneiden Sie mit den Kindern bunte Herzen aus Moosgummi aus, jeweils zwei von einer Farbe. Anschließend lassen je zwei Kinder vier Herzchen (zwei von jeder Farbe) auf dem Wasser schwimmen. Angeleitet von
folgendem Spruch, angeln die Kinder mithilfe der zwei Siebe nach ihren
Herzchen:

*„Gemeinsam angeln, das macht Spaß,*
*da erwischt bestimmt ein jeder was.*
*Wir fischen uns nun eins, zwei, drei,*
*die rosa* (bzw. eine von den beiden Farben) *Herzen schnell herbei!"*

Jedes Kind angelt bei „Wir fischen uns nun ..." mit dem Sieb nach einem
Herzchen in der genannten Farbe. Danach wird der Spruch noch einmal
mit der anderen Herzfarbe aufgesagt.
Haben beide Kinder die vier Moosgummiherzen aus dem Wasser gean-
gelt, ist das nächste Kinderpaar an der Reihe.

## 43 Kitzelige Füße

 **4 bis 36 Monate**

 **Das fördern Sie**
Sprache, Körperwahrnehmung, Gemeinschaftssinn

 **Das brauchen Sie**
ein großes Bettlaken, eine Schere

### So geht es

Schneiden Sie vorab ein großes Loch in die Mitte des Bettlakens. Die Kinder setzen sich in einen Kreis und ziehen ihre Socken oder Strümpfe aus. Legen Sie nun das Bettlaken so über ihre Beine, dass nur die Füße durch die Öffnung herausschauen. Kitzeln Sie dann zu folgendem Spruch einen Fuß:

> *„Li- la- luß –*
> *wem gehört denn dieser kitzelige Fuß?"*

Bestimmt lacht bereits ein Kind und verrät so, wem der Fuß gehört. Dieses Spiel macht den Kindern bestimmt sehr viel Spaß und kann deswegen lange fortgesetzt werden.

 **Tipp**
Manches Kind reagiert auf das Kitzeln sehr sensibel. Beobachten Sie deswegen die Reaktionen der Kinder genau.

 **Variante**
Auch mit Babys können Sie dieses Spiel spielen, allerdings nicht als Gemeinschaftsübung, sondern mit jedem Baby einzeln. Legen Sie dafür das Baby auf eine Decke. Oder Sie spielen zwischendurch beim Wickeln.

Mit Reimen zum Wir-Gefühl

## 44 Dschim, dscham, dschum

**12 bis 36 Monate**

**Das fördern Sie**
gegenseitige Wahrnehmung, Sprache, Gemeinschaftssinn

## So geht es

Mit diesem kleinen, lustigen Spiel unterstützen Sie die Kinder vor allem dabei, sich im Gruppenalltag gegenseitig wahrzunehmen. Dafür schließt ein Kind die Augen und ein anderes stellt oder setzt sich dahinter. Folgender Spruch wird nun aufgesagt, wodurch das vordere Kind veranlasst wird, sich umzudrehen und nachzusehen, wer hinter ihm ist:

*„Dschim, dscham, dschum,*
*ich dreh mich jetzt gleich um*
*und guck ganz schnell zu dir –*
*wer bist du hinter mir?"*

Das Kind, welches sich umgedreht hat, nennt nun den Namen des Kindes, welches hinter ihm ist. Das Spiel kann gleich mit anderen Kindern fortgesetzt werden.

Mit Reimen zum Wir-Gefühl

# 45 Freundeskreis

 **12 bis 36 Monate**

 **Das fördern Sie**
Sprache, Sprachverständnis, Wir-Gefühl

## So geht es

Legen Sie einen Reifen auf den Boden. Die Kinder stellen sich um ihn herum (so viele, dass jedes Kind gut an den Reifen herankommt) und heben ihn dann gemeinsam zu folgendem Spruch hoch:

*„Wir bilden nun ganz leis*
*einen wunderbaren Freundeskreis.*
*Ein jeder hält sich ganz fest an*
*und sieht,*
*was man gemeinsam schaffen kann!"*

Nach den Worten „schaffen kann" halten die Kinder den Reifen in die Höhe, zur Mitte hin oder dicht über den Boden. Dafür müssen sie gut miteinander kooperieren!

 **Variante**
Ein Kind stellt sich in den Reifen. Die anderen Kinder bewegen dann den Reifen vorsichtig um das Kind herum.

Mit Reimen zum Wir-Gefühl

# 46 Schneckengeheimnis

**12 bis 36 Monate**

**Das fördern Sie**

Sprache, visuelle Wahrnehmung, Feinmotorik

**Das brauchen Sie**

Schneckenhäuser, kleine Kreativ- und Naturmaterialien (kleine Federn, Perlen, Wattebällchen, Konfetti etc.), Bastelkleber

## So geht es

Die Kinder kleben in die Öffnungen der Schneckenhäuser Kreativ- oder Naturmaterialien – fertig sind die „Schneckengeheimnisse". Anschließend werden die Schneckenhäuser in die Mitte eines Teppichs gelegt und alle Kinder machen sich zu folgendem Spruch auf „Entdeckungsreise":

>*„Der Schni-Schna-Schneck hat ein Versteck!*
>*Ich guck genau und sehe hin –*
>*da ist tatsächlich etwas drin!*
>*Dann denk ich mir, was hab ich hier?*
>*Damit du's auch siehst, zeig ich's dir!"*

Nach dem Spruch sieht sich jedes Kind das von ihm entdeckte Schneckenhaus genauer an und verrät, was es in der geheimnisvollen Öffnung entdeckt.

**Tipp**

Vorsicht, Kleinteile! Achten Sie darauf, dass die Kinder beim Verzieren der Schneckenhäuser die kleinen Kreativmaterialien nicht in den Mund stecken.

# 47 Sieh nur an, was ich schon kann!

 **18 bis 36 Monate**

 **Das fördern Sie**
Wahrnehmung, Körperkoordination, Wertschätzung

## So geht es

Oft wollen Kinder zeigen, was sie schon können. Dabei wünschen sie sich, dass ihre Erfolge beachtet und wertgeschätzt werden. Mit diesem Spiel werden Sie das Können der Kinder auf besondere Weise hervorheben.

Jeweils ein Kinderpaar ist an der Reihe. Sagen Sie mit dem Kind, welches etwas vorführen wird, folgenden Spruch auf:

> *„Sieh nur an, was ich schon kann!*
> *Kannst du das auch?*
> *Dann mach schnell mit!*
> *Das hält uns dann gleich beide fit!"*

Ein Kind zeigt bei „Sieh nur an, was ich schon kann!" das, was es gut kann. Anschließend macht das andere Kind das Vorgeführte nach. Dann tauschen die Kinder die Rollen. Nach und nach zeigt so jedes Kind, was es gut kann.

 **Variante**
Ein Kind zeigt, was es kann, und alle Kinder machen das Vorgeführte nach. Hierfür wird der Spruch leicht verändert:

> *„Seht mal an, was ich schon kann!*
> *Könnt ihr das auch?*
> *Dann macht schnell mit!*
> *Das hält uns dann gleich alle fit!"*

Mit Reimen zum Wir-Gefühl

# 48 Mal zu dir und mal zu mir

 **10 bis 18 Monate**

 **Das fördern Sie**
Sozialverhalten, Geschicklichkeit, Sprache

 **Das brauchen Sie**
unterschiedliche Spielsachen

## So geht es

Dieses Spiel wird mit nur einem Kind auf einmal gespielt. Setzen Sie sich dafür dem Kind gegenüber und lassen Sie ein Spielzeug nach dem anderen zwischen Ihnen beiden hin und her fahren, rollen, hüpfen etc. Sprechen Sie dabei folgenden Spruch – den Sie entsprechend variieren, je nachdem, welche Spielsachen Sie haben:

> *„Der Ball, er rollt mal zu dir und mal zu mir!*
> *Guck schnell hin, er ist schon hier!"*

Oder:

> *„Das Auto fährt mal zu dir und mal zu mir! /*
> *Der Baustein klopft mal zu dir und mal zu mir! /*
> *Die Puppe hüpft mal zu dir und mal zu mir!*
> *Guck schnell hin, sie ist schon hier!"*

Spielen Sie das Spiel mit jedem Kind mehrfach hintereinander; jungen Kindern machen gerade diese Wiederholungen Spaß.

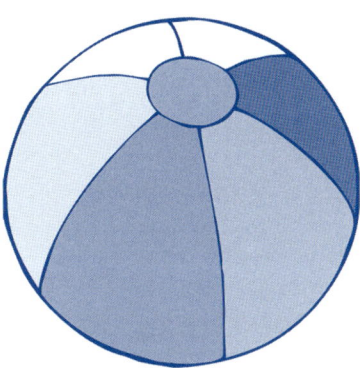

Mit Reimen zum Wir-Gefühl

# 49 Kleine Kreise

 **12 bis 36 Monate**

 **Das fördern Sie**
Gleichgewicht, Mut zur Kontaktaufnahme, Orientierungssinn

## So geht es

Angeleitet von folgendem Spruch, drehen sich die Kinder um die eigene
Achse oder zu zweit im Kreis:

> *„Wir wollen uns im Kreise drehn,*
> *Kreise drehn, Kreise drehn,*
> *dann bleiben wir mal ganz schnell stehn,*
> *ganz schnell stehn!*
> *Nun seh ich dich und frage mich:*
> *Können wir zwei uns zusammen drehn*
> *und dabei schnell im Kreise gehn?"*

Jedes Kind dreht sich bei „im Kreise drehn" um die eigene Achse. Bei
„ganz schnell stehn" bleiben sie stehen und gucken, wer in ihrer Nähe
steht. Dann nehmen sich die Nachbarkinder an die Hand und drehen sich
gemeinsam im Kreis.

 **Tipp**
Achten Sie darauf, dass sich die Kinder zwischendurch auch in die
andere Richtung drehen, damit ihnen nicht schwindelig wird.

# Kooperative Bewegungs- und Wahrnehmungsspiele

Damit Kinder mit anderen Kindern in Kontakt treten können, müssen sie sich zunächst gegenseitig wahrnehmen. Mithilfe der folgenden Wahrnehmungsspiele können Sie sie dabei unterstützen. So wird beispielsweise jedes Kind durch einfache Impulse darauf aufmerksam gemacht, welche Kinder heute anwesend sind; um das festzustellen, müssen sich alle bewusst beobachten.

Neben der Wahrnehmung der äußeren Erscheinung ist das Wahrnehmen von Gefühlen und Bedürfnissen – und zwar der eigenen und der fremden – von ebenso großer Bedeutung. Wiederholen Sie die Spiele immer wieder und nehmen Sie sich dabei Zeit, um mit den Kindern über die verschiedenen Gefühle und Handlungen zu sprechen.

Auf den folgenden Seiten finden Sie außerdem Bewegungsspiele mit kooperativem Charakter. Mit ihrer Hilfe werden die Kinder die Erfahrung machen, dass es viel Spaß macht, sich gemeinsam zu bewegen. Bewegungsspiele fördern jedoch nicht nur das soziale Miteinander, Bewegung unterstützt auch das Lernen – und in erster Linie sollen diese Spiele Freude und Spaß an der Wahrnehmung und an der Bewegung vermitteln!

## 50 Fühl mal, wer da ist!

 **12 bis 36 Monate**

 **Das fördern Sie**
haptische Wahrnehmung, Konzentration, Sprache

 **Das brauchen Sie**
einen großen Karton, einen Cutter

## So geht es

Schneiden Sie in zwei Seiten des Kartons (die sich gegenüberstehen) je ein Loch hinein. Beide Löcher sollten so groß sein, dass die Hände (oder die Füße) der Kinder hindurchpassen.

Zwei Kinder spielen zusammen. Jedes Kind setzt sich auf eine gelochte Seite des Kartons und greift mit einer Hand in die Öffnung. Die Hände der Kinder sollten sich im Karton finden. Ermutigen Sie die Kinder, sich darauf zu konzentrieren, ob sie etwas spüren – bzw. was sie spüren. Spüren sie die Hand des anderen? Wie fühlt sie sich an? Ist sie kalt oder warm?

 **Tipp**
Die Kinder sollen sich nach dem Fühlen auch ansehen, was sie gerade gefühlt haben. Das ermöglicht es ihnen, ihre Sinneseindrücke zu verknüpfen. Und sprechen Sie zum Schluss mit ihnen über ihre sinnlichen Wahrnehmungen.

 **Varianten**
■ Nicht nur Hände, sondern auch Füße lassen sich in dieser „Fühlschachtel" befühlen.
■ Sie können auch verschiedene Gegenstände in den Karton stellen, sodass die Kinder sie gemeinsam ertasten können.

Kooperative Bewegungs- und Wahrnehmungsspiele

## 51   Eins, zwei, drei – wen zaubern wir herbei?

 **12 bis 36 Monate**

 **Das fördern Sie**
visuelle Wahrnehmung, Konzentration, Sprache

 **Das brauchen Sie**
ein buntes DIN-A4-Blatt, eine Schere, Klebestreifen, 2 bunte Streifen Pappe (etwas breiter als das DIN-A4-Blatt), Fotos der Kinder

## So geht es

Basteln Sie vorab einen Papierhut: Falten Sie dafür das DIN-A4-Blatt so in
der Mitte, dass sich die beiden Schmalseiten berühren. Kleben Sie dann
auf jede Außenseite des unteren, offenen Randes einen Streifen Pappe.
Beide Streifen sollten rechts und links über den Rand des Blattes hinaus-
ragen. Anschließend kleben Sie den rechten und linken Rand des gefalte-
ten Blattes mit Klebestreifen zu, sodass sich der Hut nur von der Unterseite öffnen lässt. Stecken Sie nun die Fotos der Kinder in den Zauberhut.
Fertig ist die Vorarbeit.
Zeigen Sie zu Spielbeginn den Kindern den Hut und erzählen Sie ihnen,
dass das ein Zauberhut ist, der ein Geheimnis verbirgt. Um das Geheimnis zu lüften, muss ein Zauberspruch aufgesagt werden. Sagen Sie den
Spruch gemeinsam mit den Kindern auf:

> *„Eins, zwei, drei –*
> *wen zaubern wir herbei?"*

Ziehen Sie daraufhin ganz langsam das Foto eines Kindes aus dem Hut
– ohne dass die Kinder merken, dass dort auch noch andere Fotos versteckt sind. Wiederholen Sie das Spiel, bis alle Fotos hervorgezaubert
wurden.

 **Tipp**
Ziehen Sie jedes Foto ganz langsam aus dem Hut, damit die Kinder
schon früh erkennen können, was (bzw. wer) darauf zu sehen ist.

Kooperative Bewegungs- und Wahrnehmungsspiele

## 52 Höhlenforscher

 **18 bis 36 Monate**

 **Das fördern Sie**
visuelle Wahrnehmung, Merkfähigkeit, Konzentration

 **Das brauchen Sie**
mehrere Kartons (an zwei Enden offen und so groß, dass die Kinder hindurchkrabbeln können); 6 Bildkarten mit verschiedenen, den Kindern gut bekannten Motiven (Bär, Krone, Baustein o. Ä.); 2 Taschenlampen; Klebestreifen

## So geht es

Zeigen Sie den Kindern die Bildkarten und sprechen Sie über jedes einzelne Motiv mit ihnen. Stellen Sie anschließend die Kartons so hintereinander auf, dass ein langer (dunkler) Tunnel entsteht. Kleben Sie nun die Bildkarten mit Klebestreifen an die Innenwände (das können Sie natürlich auch vor dem Aufbau des Tunnels machen; dann müssen Sie jedoch darauf achten, dass die Karten an den richtigen Stellen richtig herum kleben). Verdunkeln Sie den Gruppenraum – fertig sind die optimalen Bedingungen für die „Höhlenforschung"!
Nun machen sich jeweils zwei kleine Höhlenforscher mit Taschenlampen auf Entdeckungsreise: Während sie durch die Höhle krabbeln, suchen sie nach den Bildkarten: Wo sind sie zu finden? Die Kinder versuchen, sich zu merken, was sie auf den Karten gesehen haben, um nach dem Verlassen der Höhle den anderen zu erzählen, was sie dort entdeckt haben.

 **Varianten**
■ Wenn Sie dieses Spiel mit ganz jungen Kindern spielen, können Sie auch einige Gegenstände in der Höhle verstecken. Die Aufgabe der Kinder ist es dann, sie zu finden und mit nach draußen zu nehmen.
■ Statt der Motivkarten können Sie auch Fotos von einigen Kindern in den Tunnel kleben. Die Höhlenforscher müssen sich dann merken, wessen Foto sie gesehen haben.

# 53 Gefühltes Lächeln

**18 bis 36 Monate**

**Das fördern Sie**
Sozialverhalten, visuelle und taktile Wahrnehmung,
Konzentration

**Das brauchen Sie**
eine große Schachtel, viele Papierschnipsel aus Zeitungspapier,
einen gelben Kreis aus Fotokarton (ca. 10 cm Durchmesser) mit
einem breit lächelnden Gesicht darauf

## So geht es

Reißen oder schneiden Sie vorab gemeinsam mit den Kindern die Zei-
tungsschnipsel und legen Sie sie in die Schachtel. Zeigen Sie dann den
Kindern das Lachgesicht und erzählen Sie ihnen, dass es jedem Kind,
welches es findet, sein wunderbares Lächeln schenken wird. Allerdings
wird sich das Lachgesicht in der großen Schachtel zwischen den Papier-
schnipseln verstecken – und es möchte gesucht werden! Wer es findet,
wird lachen.
Die Kinder wühlen nun zu zweit danach. Wer es gefunden hat, lächelt
und gibt das Lächeln an seinen Partner weiter. Bestimmt haben die Kinder Freude am gemeinsamen Wühlen, Fühlen und Lachen!

# 54 Gemeinsam die Farben entdecken

 **12 bis 36 Monate**

 **Das fördern Sie**
visuelle Wahrnehmung, optische Differenzierung, Wortschatz, Sprachverständnis

 **Das brauchen Sie**
4 große Schachteln; rote, gelbe, blaue und grüne Temperafarbe

## So geht es

Die Kinder bemalen die Außenseiten der Schachteln – jede Schachtel in einer anderen Farbe. Auf diese Weise entstehen Sammelbehälter für Gegenstände in den entsprechenden Farben.

Ist die Farbe auf den Schachteln getrocknet, machen sich die Kinder auf Entdeckungsreise durch den Gruppenraum: Haben Sie ein grünes Spielzeug entdeckt? Schnell in die grüne Schachtel damit! Nach und nach füllen sich so die Schachteln mit Gegenständen in den jeweiligen Farben. Sprechen Sie mit den Kindern über die Farben der Gegenstände, die sie finden, und bestätigen Sie ihre Entscheidung, wenn sie richtig liegen, z.B.: „Du hast den grünen Ball gefunden! Genau, er kommt in die grüne Schachtel!"

Haben die Kinder viele Gegenstände gesammelt und sie richtig sortiert, können sie zum Schluss ein „Farbchaos" veranstalten, indem sie alle gesammelten Sachen aus den Schachteln ausleeren, um sie noch einmal zu sortieren. Begleiten Sie auch dieses Mal das Tun der Kinder sprachlich.

Kooperative Bewegungs- und Wahrnehmungsspiele

# 55 Turteltäubchen

 **24 bis 36 Monate**

 **Das fördern Sie**
visuelle Wahrnehmung, Körperkoordination, Sozialverhalten,
Reaktionsvermögen

 **Das brauchen Sie**
für jedes Kind eine bunte Feder (bereiten Sie die Federn so vor,
dass zwei von der gleichen Farbe vorkommen); evtl. Klebestreifen

## So geht es

Die Kinder sind „bunte Turteltäubchen", die durch den Raum fliegen.
Dafür bekommt jedes Kind eine Feder, die es sich vorn in den Hosenbund
steckt – und zwar so, dass man sie gut erkennen kann. Sobald Sie das
Signalwort „Turteltäubchen" rufen, müssen sich die Kinder zu Paaren
zusammenfinden, deren Federn die gleiche Farbe haben.
Die Paar-Kinder stellen sich nun hintereinander auf, nehmen sich an den
Händen, strecken ihre Arme seitlich aus und „fliegen" gemeinsam eine
Runde durch den Raum. Wenn Sie „Alleinflug" rufen, trennen sich die
Paare und jedes Kind „fliegt" allein weiter.
Die Federn werden zwischendurch ausgetauscht, sodass sich die Kinder
neue „Turteltäubchen" suchen müssen.

 **Tipp**
Halten die Federn im Hosenbund nicht, können sie auch mit
einem Klebestreifen an einer gut sichtbaren Stelle auf der Kleidung aufgeklebt werden.

Kooperative Bewegungs- und Wahrnehmungsspiele

## 56 Riesenschlange

 **12 bis 36 Monate**

 **Das fördern Sie**
Motorik, Bewegungskoordination, Wir-Gefühl,
Kooperationsfähigkeit

 **Das brauchen Sie**
ein Bettlaken, Temperafarbe, eine Schere

## So geht es

Schneiden Sie in das Bettlaken mehrere Löcher hintereinander in etwa
20 cm Abstand. Die Löcher sollten so groß sein, dass Kinderköpfe gut
hindurchpassen. Anschließend bemalen die Kinder das Bettlaken so, dass
es wie eine Schlangenhaut aussieht. Ist alles getrocknet, kann das Spiel
beginnen.
Die Kinder stellen sich hintereinander auf und das Laken wird über ihre
Köpfe gestülpt. Fertig ist die Riesenschlage, die sich nun auf die Reise
durch den Raum oder durch den Garten machen kann!
Beim Gehen müssen die Kinder ihre Bewegungen gut aufeinander ab-
stimmen. Achten Sie darauf, dass einzelne Kinder damit nicht überfor-
dert sind.

 **Tipp**
Für eine noch viel größere Schlange können Sie zwei oder mehr
Bettlaken an den Enden zusammennähen.

# 57 Kutschfahrt

**10 bis 36 Monate**

**Das fördern Sie**

Sozialverhalten, Freude an der Bewegung, Gleichgewichtssinn, Raum-Lage-Gefühl

**Das brauchen Sie**

einen größeren Karton, ein Seil, eine Schere

Für dieses Spiel benötigen Sie viel Platz; spielen Sie es deswegen in einem größeren Raum (im Bewegungsraum, wenn vorhanden).

## So geht es

Stellen Sie den Karton mit der Öffnung nach oben auf den Boden und bohren Sie mit der Schere durch eine der beiden Schmalseiten (mittig) zwei Löcher in einigen Zentimetern Abstand. Führen Sie das Seil hindurch und verknoten Sie es – und schon haben Sie eine „Kutsche" mitsamt „Zügeln".

Jeweils zwei Kinder setzen sich in die Kutsche. Fragen Sie sie zunächst, wohin die Reise gehen soll (auf diese Weise können die Kinder den Weg ans Ziel bewusst beobachten, wodurch ihr Raum-Lage-Gefühl gefördert wird). Sobald die Kinder startklar sind, ziehen Sie den Karton durch den Raum auf das verabredete Ziel zu.

**Variante**

Wenn Sie einen weiteren Karton in der gleichen Größe haben, können Sie diese „Kutsche" mit einem Seil an die vordere anhängen. Gewiss bereitet ein „Viergespann" den Kindern noch mehr Freude!

# 58 Fang mein Herz

**12 bis 36 Monate**

**Das fördern Sie**
Auge-Hand-Koordination, Sozialverhalten, Motorik

**Das brauchen Sie**
Luftballons in Herzform, Fotos der Kinder, doppelseitiges
Klebeband
Für dieses Spiel benötigen Sie viel Platz; spielen Sie es deswegen
draußen oder in einem größeren Raum (Bewegungsraum).

## So geht es

Blasen Sie für jedes Kind einen Luftballon auf und kleben Sie das Foto
eines Kindes mit Klebeband darauf. Anschließend werfen alle gleichzeitig die Ballons in die Luft. Jedes Kind fängt einen Ballon, sieht nach,
wessen „Herz" es gefangen hat, und überreicht den Ballon dem entsprechenden Kind. Haben alle Kinder den Luftballon mit ihrem Foto in der
Hand, fängt das Spiel von vorn an.

**Tipp**
Sollten Sie keine Herz-Luftballons haben, kann das Spiel natürlich
auch mit einfachen Luftballons gespielt werden.

**Variante**
Wenn die Kinder mögen, können sie kleine Überraschungen
(Zeichnungen z. B.) oder Wünsche (von Ihnen aufgeschrieben)
mit einer Schnur am Luftballon befestigen. Gewiss freut sich
der Empfänger darüber!

## 59 Detektive auf Spurensuche

**24 bis 36 Monate**

**Das fördern Sie**

visuelle Wahrnehmung, Raum-Lage-Gefühl,
Auge-Hand-Koordination

**Das brauchen Sie**

gelbe Fingerfarbe, Taschenlampen, für jedes Kind 2 Blätter
Papier
Für dieses Spiel benötigen Sie viel Platz; spielen Sie es in einem
größeren Raum (Bewegungsraum, wenn vorhanden).

## So geht es

Bemalen Sie vorab die Hände und Füße der Kinder mit gelber Fingerfarbe
und drücken Sie sie auf Papier ab. Sind die Abdrücke getrocknet, schneiden Sie sie gemeinsam mit den Kindern aus.
Verteilen Sie vor Spielbeginn die Abdrücke auf den Boden des Raumes, in
dem sie spielen werden. Geben Sie jedem Kind eine Taschenlampe und
verdunkeln Sie anschließend den Raum (wenn Sie nicht so viele Taschenlampen haben, wechseln sich die Kinder ab).
Nun machen sich alle mit ihren Taschenlampen auf Spurensuche: Wo
haben sich die Fuß- und Handabdrücke versteckt? Die gefundenen Spuren werden eingesammelt.

**Tipp**

Sprechen Sie mit den Kindern zum Schluss darüber, wo sie Spuren
entdeckt haben: Waren sie bei der Langbank versteckt? Bei der
Tür? Das hilft bei der Orientierung und fördert das
Raum-Lage-Gefühl.

## 60 Gemeinsam durch dick und dünn

 **8 bis 36 Monate**

 **Das fördern Sie**
Motorik, Sozialverhalten, visuelle Wahrnehmung

 **Das brauchen Sie**
Kartons in unterschiedlichen Größen (an zwei Enden offen),
Matten, Langbänke, Decken, Reifen

## So geht es

Bauen Sie mehrere Kriechtunnel: Dafür stellen Sie die Kartons so hin,
dass die Kinder hindurchkrabbeln können; stecken Sie dann die Matten
durch die Reifen – so, dass sie wie Tunnel aussehen; und schließlich stellen Sie die Langbänke parallel zueinander auf und breiten eine Decke
darüber aus. Fertig sind verschiedene Arten von Kriechtunneln. Nun kann
das lustige Tunnelkrabbeln beginnen.

Allein oder mit Freunden krabbeln die Kinder durch die Tunnel. Gemeinsam mit anderen trauen sich bestimmt auch sonst vorsichtige Kinder,
engere Tunnel zu bezwingen.

 **Tipp**
Sprechen Sie mit den Kindern über die verschiedenen Tunnelgrö-
ßen (auf diese Weise verbalisieren Sie ihre Raum-Lage-Erfahrun-
gen), z. B.: „Das ist ein großer, breiter Tunnel, hier hat man viel
Platz"; dabei können sich die Kinder ganz groß machen und ihre
Arme zur Seite strecken. „Daneben steht ein kleiner, enger Tunnel;
hier muss man sich ganz klein machen."

# 61 Entdeckst du mich?

 **18 bis 36 Monate**

 **Das fördern Sie**
visuelle Wahrnehmung, Sprache, Sozialverhalten

 **Das brauchen Sie**
Fotos der Kinder aus dem Kita-Alltag, ein Passfoto von jedem Kind

## So geht es

Fotografieren Sie vorab die Kinder in verschiedenen Spiel- und Alltagssituationen, wenn sie erkennbar mit anderen Kindern in Kontakt sind. Legen Sie vor Spielbeginn die Fotos nebeneinander und gestalten Sie rundherum einen Rahmen aus den (verdeckt hingelegten) Passfotos der Kinder. Schauen Sie sich nun mit den Kindern die Gruppenfotos an und besprechen Sie die jeweiligen Spielsituationen. Anschließend dreht ein Kind ein Passfoto um: Wer ist darauf zu sehen? Dieses Kind wird nun von allen auf den Gruppenfotos gesucht. Haben die Kinder das gesuchte Kind entdeckt, sprechen Sie mit ihnen darüber, was das Kind auf dem Foto macht.

 **Tipp**
Fotografieren Sie die Kinder bei ihren täglichen Verrichtungen: beim Händewaschen, beim Essen, Anziehen etc. So können Sie im Gespräch mit ihnen auch die entsprechenden Handlungsabläufe noch einmal durchgehen und besprechen.

## 62 Männchen, wechsle dich!

 **12 bis 36 Monate**

 **Das fördern Sie**
Sozialverhalten, optisches Differenzierungsvermögen, Sprache

 **Das brauchen Sie**
Packpapier, einen Fasermaler, kleine Rechtecke in verschiedenen
Farben aus Fotokarton oder Faltpapier, Porträtfotos der Kinder

## So geht es

Sich selbst und andere bewusst wahrzunehmen, ist besonders für junge
Kinder nicht einfach, weil sie ihre Aufmerksamkeit oftmals auf viele
Dinge gleichzeitig richten. Folgendes Wahrnehmungsspiel fördert genau
diese detaillierte Wahrnehmung.

Ein Kind legt sich mit dem Rücken auf das Packpapier, und Sie malen
seine Körperumrisse mit dem Fasermaler nach. Erklären Sie den Kindern
dabei Schritt für Schritt, was Sie gerade tun, z. B.: „Jetzt zeichne ich die
Konturen von Lukas' Hand nach ... und jetzt die seines Armes. Guckt mal,
wie lang sein Arm schon ist! Nun ist die Schulter dran ..." usw.

Ist der Körperumriss fertig, steht das Kind auf. Legen Sie nun das Foto
eines Kindes in den Kopfumriss des gezeichneten Männchens, während
Sie den Kindern sagen: „Seht her, was nun passiert: Aus Lukas wird plötzlich ... – genau, Leon! Das aufgemalte Männchen hat sein Gesicht ge-
wechselt! Und jetzt lasst uns genau hinsehen: Was hat Leon heute an?"
Die Kinder suchen nun aus den bereitgelegten Rechtecken die entsprechenden Farben aus. Unterstützen Sie sie dabei („Welche Farbe hat Leons
Pullover?"). Alle überprüfen dann, ob die ausgesuchten Rechtecke mit
den Kleiderfarben des Vorbildes übereinstimmen. Legen Sie dann gemeinsam die bunten Rechtecke auf den Körper des Männchens.

 **Tipp**
Lassen Sie den Kindern Zeit, um sich das „angezogene" Männ-
chen anzusehen. Sprechen Sie anschließend noch einmal über die
Gemeinsamkeiten zwischen der Männchen-Kleidung und dem
Original.

# 63 Wanderndes Wölkchen

**24 bis 36 Monate**

**Das fördern Sie**
Ruhe, Konzentration, richtige Bauchatmung

**Das brauchen Sie**
für jedes Kind ein Wattebällchen und eine Matte (oder eine Decke)
Führen Sie diese Übung in einem ruhigen Bereich durch.

## So geht es

Die Kinder liegen auf den Matten. Erzählen Sie ihnen, während Sie auf den Bauch eines jeden Kindes ein Wattebällchen legen, dass heute „Wölkchen" auf ihren Bäuchen wandern werden. Ermutigen Sie anschließend die Kinder, ganz tief dorthin zu atmen, wo das Wölkchen liegt, und zwar wie folgt: So tief in den Bauch hineinatmen, bis sich das Wölkchen nach oben bewegt; um es wieder sinken zu lassen, muss kräftig durch den Mund ausgeatmet werden.

**Tipp**
Diese Atemübung kann ein paar Mal nacheinander durchgeführt werden – machen Sie jedoch zwischendurch kleinere Pausen. Achten Sie auch darauf, dass die Kinder die Luft nicht zu lange anhalten.

Kooperative Bewegungs- und Wahrnehmungsspiele

## 64 Spürst du meine Hand?

 **24 bis 36 Monate**

 **Das fördern Sie**
Körperwahrnehmung, körperliche Nähe, Vertrauen

 **Das brauchen Sie**
Matten oder Decken für die Hälfte der Kinder
Führen Sie diese Übung in einem ruhigen Bereich durch.

## So geht es

Die Hälfte der Kinder liegt mit geschlossenen Augen auf den Matten. Zu jedem liegenden Kind kniet sich ein Kind, welches ihm vorsichtig die Hand auf eine Körperstelle legt und es leise fragt: „Wo spürst du meine Hand?"

Das liegende Kind muss fühlen, wo es die Hand seines Freundes spürt, und dementsprechend antworten, z. B.: „Ich spüre deine Hand auf meinem Bauch."

Nach einer Weile wechseln sich die Kinder ab.

# 65  Tanzender Sternenhimmel

**12 bis 36 Monate**

**Das fördern Sie**
Wahrnehmung, Auge-Hand-Koordination, Gemeinschaftsgefühl

**Das brauchen Sie**
goldenes oder gelbes Tonpapier, Scheren, ein Bettlaken
Für dieses Spiel benötigen Sie viel Platz; spielen Sie es deswegen
in einem größeren Raum (Bewegungsraum, wenn vorhanden).

## So geht es

Die Kinder schneiden vorab Sternchen aus Tonpapier aus. Hierbei geht es
nicht darum, perfekte Sternchen auszuschneiden, sondern darum, Freude am Schneiden zu haben. Unterstützen Sie die Kinder lediglich bei der
richtigen Handhabung der Schere. Sind viele Sternchen entstanden, kann
der „Sternchentanz" beginnen.
Dafür legen die Kinder ihre Sternchen auf das ausgebreitete Bettlaken
und stellen sich um das Laken herum auf. Dann fassen sie es an den
Rändern und heben es hoch. Machen Sie mit. Schwingen Sie nun alle
gemeinsam das Laken hin und her. Was passiert? Ermutigen Sie die Kinder, genau zu beobachten: Bewegen sich die Sternchen schon? Was passiert, wenn das Laken ganz schnell bewegt wird?
Lassen Sie zum Schluss ein Kind nach dem anderen unter dem Sternenhimmel hindurchkriechen.

**Tipp**
Die Kinder sollen beim Schwingen des Lakens darauf achten, dass
kein Sternchen verloren geht.

# 66 Wem gehört das hübsche Gesicht?

 **12 bis 36 Monate**

 **Das fördern Sie**
visuelle Wahrnehmung, gegenseitige Wertschätzung, Sprache

 **Das brauchen Sie**
ein großes, dickes Stück Pappe; einen Cutter, evtl. Klebeband

## So geht es

Schneiden Sie mit dem Cutter ein kreisrundes Loch aus der Pappe – so
groß, dass ein hindurchblickendes Kindergesicht gut zu erkennen ist. Für
das Spiel kann die Pappe entweder von einem Erwachsenen gehalten
oder in einem Türstock mit Klebeband befestigt werden.
Ein Kind geht hinter die Pappe und hält sein Gesicht in die Öffnung. Die
anderen Kinder rufen laut, wer durch die Öffnung zu sehen ist. Wenn das
Kind es mag, dürfen ihm die Kinder vorsichtig über das Gesicht streicheln. Begleiten Sie sie dabei verbal, z. B.: „Wem gehört die hübsche
Nase? Und wem gehören diese schönen, blauen Augen?"
Das Ziel des Spiels ist es, dass jedes Kind, welches durch den Pappkreis
guckt, durch liebevolle, wertschätzende Worte geachtet wird.

# 67 Wir entdecken Gegensätze

**24 bis 36 Monate**

**Das fördern Sie**
taktile Wahrnehmung, Sprachverständnis, Wortschatz

**Das brauchen Sie**
Naturmaterialien, verschiedene Spiel- und/oder Bastelmaterialien, Schuhschachteln mit Deckel

## So geht es

Kleben Sie an die Außenseite jeder Schachtel eine Abbildung, die verdeutlicht, welche gemeinsame Eigenschaft die hier aufbewahrten Gegenstände haben: spitz, stumpf, hart, weich, kalt, warm, kurz, lang, groß, klein (nehmen Sie für die „Großbox" eine größere Schachtel). Achten Sie darauf, gegensätzliche Eigenschaften aufzuführen.

Sortieren Sie mit den Kindern die bereitliegenden Materialien nach ihren Eigenschaften: „Die Schere ist spitz, sie kommt in die ‚Spitzbox'. Welcher andere Gegenstand ist noch spitz? Die Nadel? Oder der spitze Ast?"
Anschließend suchen alle gemeinsam nach Gegenständen mit einer entgegengesetzten Eigenschaft: „Was ist stumpf? Der Löffel? In die ‚Stumpfbox' damit!"

Sprechen Sie mit den Kindern wiederholt über die besonderen Eigenschaften der ausgesuchten Gegenstände. Lassen Sie sie alles befühlen und anschließend erneut in die passende Schachtel einsortieren.

**Variante**
Alle machen sich Gedanken über ihre persönlichen Eigenschaften: Finden die Kinder Gemeinsamkeiten und Unterschiede? Dafür können sie Fragen stellen, z. B.: „Wer außer mir spielt noch gern im Baubereich? Wer hat auch ein Geschwisterchen? Und wer ist genauso groß wie ich? Wer hat blaue Augen?" Unterstützen Sie die Kinder dabei.

## **68** Im Streichelwald

 **12 bis 36 Monate**

 **Das fördern Sie**
Körperwahrnehmung, Entspannung, Vertrauen

## So geht es

Die Kinder stehen sich in zwei Reihen gegenüber und strecken ihre Arme aus. Zwischen ihren Händen ist so viel Platz, dass ein Kind „angestreichelt" hindurchgehen kann – fertig ist der „Streichelwald". Ein Kind nach dem anderen geht nun langsam hindurch und lässt sich von den zarten „Ästen" sanft streicheln.

 **Tipp**
Achten Sie darauf, dass die Kinder die Streichelbewegungen sanft ausführen.

 **Variante**
Das Spiel kann auch mit richtigen Ästen gespielt werden. Sammeln Sie dafür mit den Kindern dünne, biegsame Äste mit Blättern (am besten von einer Birke). Die aufgestellten „Waldkinder" streicheln damit sanft die Waldbesucher.
Wichtig: Nicht die Gesichter der hindurchgehenden Kinder mit den Ästen streicheln.

# 69 Herzchentransport

 **24 bis 36 Monate**

 **Das fördern Sie**
Sprache, Körperkoordination, Gemeinschaftssinn, Empathie

 **Das brauchen Sie**
für die Hälfte der Kinder aus Fotokarton ausgeschnittene Herzen
(so groß, dass sie zwischen zwei Kinderhände passen)

## So geht es

Die Kinder bilden Paare, um gemeinsam ein Herzchen zu transportieren.
Dafür legt ein Kind eine geöffnete Handfläche auf die geöffnete Handfläche des anderen Kindes. Dazwischen liegt das zu transportierende
Herzchen. Ist ein Paar startklar, nennen Sie ihm das Ziel seines „Transpor-
tes" – vielleicht ein gemeinsamer Freund?

Diese Übung eignet sich wunderbar als Kooperationsspiel und fördert
ganz besonders die Empathie der Kinder.

# **70** Gute-Laune-Turnen

 **12 bis 36 Monate**

 **Das fördern Sie**
Motorik, Körperkoordination, Sprache

## So geht es

Sprechen Sie mit den Kindern folgenden Spruch und machen Sie gemeinsam mit ihnen die passenden Bewegungen dazu:

> *„Gute-Laune-Turnen, das steckt an!*
> *Es ist etwas, das jeder kann.*
> *Ich stampfe jetzt mit meinem Fuß.*
> *Das ist ein wahrer Hit*
> *und hält mich wirklich fit!"*

Setzen Sie verschiedene Bewegungsmuster ein, indem Sie den Vers „Ich stampfe jetzt mit meinem Fuß." entsprechend ersetzen:

> *„Ich kreise meine Hüften"/*
> *„Ich hüpfe in die Höhe"/*
> *„Ich klatsche in die Hände"* usw.

kooperative Bewegungs- und Wahrnehmungsspiele

## 71  Mit Gefühl

**10 bis 36 Monate**

**Das fördern Sie**
haptische Wahrnehmung, Sprache, Feinmotorik

**Das brauchen Sie**
Einweghandschuhe für die Hälfte der Kinder, einen Löffel,
verschiedenes Füllmaterial: Bohnen, Reis, Watte, Wasser etc.

## So geht es

Befüllen Sie gemeinsam mit den Kindern die Einweghandschuhe. Verteilen Sie dabei unterschiedliche Füllmaterialien auf die Finger eines jeden
Handschuhs. Anschließend bilden die Kinder Paare. Ein Kind schließt
die Augen, während ihm das andere Kind eine „Fühlhand" zum Fühlen
hinhält.

**Tipp**
Fragen Sie die Kinder, wie sich die Fühlhand anfühlt: Ist sie warm
oder kalt? Hart oder weich?

# 72 Gefühle-Tempelhüpfen

 **24 bis 36 Monate**

 **Das fördern Sie**
Körperkoordination, Motorik, Empathie

 **Das brauchen Sie**
Straßenmalkreide; in doppelter Ausführung: Gefühlskärtchen mit Abbildungen unterschiedlicher Gefühlslagen (siehe Kopiervorlage auf der Folgeseite)
Diese Übung bietet sich wunderbar für draußen an.

## So geht es

Zeichnen Sie an einer geeigneten Stelle mit Straßenmalkreide die Kästchen für das Tempelhüpfen (auch bekannt als Hüpfkästchen oder Himmel und Hölle). Legen Sie dann in jedes Feld des Tempels ein anderes Gefühlskärtchen offen hin. Die doppelte Ausführung der Karten liegt verdeckt neben dem Tempel. Ein Kind nach dem anderen dreht nun eine verdeckte Karte um und hüpft dann zu dem Feld mit der gleichen Karte. Sprechen Sie mit jedem Kind über den Gefühlsausdruck, der auf seiner Karte zu sehen ist. Kann es den entsprechenden Gesichtsausdruck nachmachen?

 **Variante**
Das Spiel kann auch mit nur einer Ausführung der Gefühlskarten gespielt werden. Hierfür werfen die Kinder zunächst einen Stein in den Tempel. Anschließend hüpfen sie zu dem Feld, in dem der Stein liegen geblieben ist. Dort heben sie das Kärtchen auf und schauen nach, welcher Gefühlsausdruck darauf zu sehen ist.

# Kopiervorlage: Gefühle-Tempelhüpfen

# 73 Geräusche in der Stille

 **10 bis 36 Monate**

 **Das fördern Sie**
akustische Wahrnehmung, Konzentration, Sprache, Wortschatz

## So geht es

Den ganzen Tag sind wir von vielen unterschiedlichen Geräuschquellen umgeben. Für Kinder ist das manchmal sehr anstrengend, eine akustische Reizüberflutung kann drohen – und in solchen Fällen können sie ihre Aufmerksamkeit nur schwer auf gezielte Geräuschquellen richten. Versuchen Sie, die Kinder mit folgender Aufmerksamkeitsübung zum gezielten Hinhören zu motivieren.

Setzen Sie sich alle in einen ruhigen Bereich in Fensternähe. Ermutigen Sie die Kinder, ganz still zu sein und sich auf das zu konzentrieren, was sie im Haus hören. Ganz angestrengt lauschen sie: „Was ist zu hören?" Vielleicht das Öffnen einer Tür? Oder die Kinder der anderen Gruppe? Regen Sie die Kinder an, das Gehörte zu beschreiben.

Nachdem nach und nach die Geräusche des Hauses gehört und enträtselt wurden, öffnen Sie das Fenster und lauschen Sie mit den Kindern nach den Geräuschen von draußen. Auch jetzt sollen sie über ihre Eindrücke sprechen: Welche Geräusche gefallen ihnen? Was hören sie nicht so gern? Was können sie zuordnen?

# 74 Glückspilz

**12 bis 36 Monate**

**Das fördern Sie**

Orientierungssinn, Reaktionsfähigkeit, Geschicklichkeit, Wahrnehmung

**Das brauchen Sie**

für jedes Kind eine leere, gut ausgespülte Plastikflasche mit Verschluss und einen runden, weißen oder braunen Fotokartonkreis (Durchmesser 20 cm); kleine Fotos der Kinder; doppelseitiges Klebeband; eine Trommel

Für dieses Spiel benötigen Sie viel Platz; spielen Sie es deswegen in einem größeren Raum (im Bewegungsraum, wenn vorhanden).

## So geht es

Kleben Sie mit Klebeband einen Kartonkreis auf den Verschluss einer jeden Flasche und auf die Unterseite eines jeden Kreises ein Kinderfoto. Fertig sind die „Glückspilze". Zeigen Sie den Kindern die versteckten Fotos und stellen sie dann gemeinsam die Flaschen im Bewegungsraum auf. Anschließend bewegen sich die Kinder im Raum zu einem Trommelspiel. Wenn Sie „Glückspilz!" rufen, schnappt sich jedes Kind eine Flasche und sieht nach, wessen Foto darauf versteckt ist. Dann sucht es nach dem entsprechenden Kind und gibt ihm die Flasche.

Wurden alle Flaschenbesitzer gefunden, werden die „Glückspilze" neu aufgestellt und das Spiel beginnt von vorn.

Kooperative Bewegungs- und Wahrnehmungsspiele

## 75 Wolke sieben

 **12 bis 36 Monate**

 **Das fördern Sie**
Empathie, Körperwahrnehmung, mathematische
Grunderfahrungen

 **Das brauchen Sie**
7 Matten oder 7 aus Fotokarton ausgeschnittene Wolken, doppelseitiges Klebeband, 2 Waschlappen, mehrere Wattebällchen,
einen Fasermaler, eine Triangel
Für dieses Spiel benötigen Sie viel Platz, spielen Sie es deswegen
in einem größeren Raum (im Bewegungsraum, wenn vorhanden).

## So geht es

Legen Sie die Matten oder die Wolken hintereinander auf den Boden (die
Wolken müssen mit Klebeband auf dem Fußboden fixiert werden, damit
sie nicht verrutschen). Beschriften Sie die Wolken von eins bis sieben mit
dem Fasermaler; auf die Matten können Sie kleine Zettelchen mit den
Zahlen eins bis sieben kleben. Legen Sie rund um den Rand der „Matte
(Wolke) sieben", die Wattebällchen. Diese letzte Station hebt sich somit
von den anderen ab. Legen Sie auch zwei Waschlappen darauf.
Alle Kinder hüpfen gleichzeitig los – angefangen mit der ersten Matte.
Das Ziel der Kinder ist es, bei Ihrem Signalwort „Wolke sieben!" als erste
auf die letzte Wolke zu gelangen. Immer zwei Kinder dürfen gleichzeitig
auf die Wolke. Die Kinder, die es geschafft haben, streicheln sich nun
gegenseitig vorsichtig mit den Waschlappen über Gesicht oder Hände.
Die anderen Kinder sehen zu, was auf Wolke sieben Schönes erlebt werden kann, und freuen sich mit den beiden Kindern.
Nach einer Weile erklingt die Triangel. Daraufhin setzen sich die beiden
Kinder an den Rand und schauen nun zu, wie das Wolkenspringen von
vorn anfängt.

# Gemeinsame Kreativprojekte

Krippenkinder lieben das Experimentieren und kreative Gestalten, auf diese Weise erschließen sie sich auch Stück für Stück die Welt. Vor allem junge Kinder begeistert die kreative Tätigkeit an sich, das Ergebnis ihrer Beschäftigung ist für sie meistens zweitrangig. Dementsprechend sind sie auch mit viel Freude und Motivation dabei – und umso mehr brauchen sie Erwachsene, die ihr Tun wertschätzen, sie ermutigen und unterstützen.

In diesem Kapitel finden Sie eine Reihe von Aktivitäten und Spielen, die Ihnen genau das ermöglichen. Aktivitäten für drinnen und draußen – bunte Farbexplosionen, malen zwischen Bäumen, Kitzelmalereien und vieles mehr.

Nehmen Sie sich bei allen Spielen und Aktivitäten Zeit, um mit den Kindern über das, was sie tun, aber auch über das Ergebnis ihres Tuns zu sprechen. So vermitteln Sie ihnen Wertschätzung und Anerkennung.

# 76 Sammelleidenschaft

 **12 bis 36 Monate**

 **Das fördern Sie**
Wahrnehmung, Entdeckungslust, Sprache, Kreativität, Feinmotorik

 **Das brauchen Sie**
einen Schuhkarton, mehrere Lupen, gut ausgespülte Marmeladengläser, angerührten Kleister, für jedes Kind ein Stück Pappe

## So geht es

Kinder sammeln mit Leidenschaft. Und nachdem man gemeinsam meistens mehr entdeckt als allein und es auch mehr Spaß macht, schicken Sie die Kindergruppe gemeinsam auf eine „Sammelentdeckertour" – ausgerüstet mit einem praktischen Schuhkarton und einigen Lupen. Erklären Sie den Kindern vorher die Handhabung der Lupen: Die sind nämlich ganz erstaunlich, weil sie einiges sichtbar machen können, was vorher nicht zu sehen war! Am besten probieren das alle vorab aus.

So ausgerüstet (und von Ihnen begleitet), machen sich die Kinder im Garten oder bei einem Spaziergang auf Entdeckungsreise. Interessante Naturmaterialien werden dabei in den Karton gelegt, um sie mitnehmen und später in Ruhe ansehen und untersuchen zu können.

Packen Sie in der Kita die mitgenommenen Schätze aus und regen Sie die Kinder an, sich alles genau anzusehen und es zu befühlen. Sprechen Sie mit ihnen über die Eigenschaften der einzelnen Materialien (Beschaffenheit, Farbe etc.).

Sind Entdeckungsfreude und Neugierde der Kinder gestillt, können sie aus dem Gesammelten etwas gestalten. Geben Sie dafür jedem Kind ein Stück Pappe und stellen Sie den angerührten Kleister bereit. Nun kleben sie die Materialien ihrer Wahl nach Lust und Laune darauf – wunderschöne Naturmandalas entstehen!

 **Tipp**
Stecken Sie die übrig gebliebenen Schätze in die Marmeladengläser. So können sich die Kinder die gesammelten Naturschätze jederzeit aus allen Perspektiven anschauen.

Gemeinsame Kreativprojekte

# 77 Kleine Archäologen

 **12 bis 36 Monate**

 **Das fördern Sie**
taktile und visuelle Wahrnehmung, Kreativität, Konzentration

 **Das brauchen Sie**
mittelgroße Steine, Temperafarben, Permanentmarker, mehrere
Pinsel, für jedes Kind eine kleine Schaufel

## So geht es

Die meisten Kinder lieben es, sich durch den Sand zu wühlen. Und wie
aufregend alles wird, wenn man dabei etwas findet! Helfen Sie dem
nach: Sammeln Sie zunächst alle gemeinsam mittelgroße Steine und
legen Sie sie gut sichtbar nebeneinander. Die Kinder sollen sie sich
dann genau ansehen und sagen, was ihnen auffällt. Sie werden schnell
herausfinden, dass es größere und kleinere Steine, schwerere und leich-
tere gibt. Helfen Sie mit Fragen, z.B.: „Ist dieser Stein groß oder klein?
Ist er schwerer oder leichter als der andere? Welcher Stein ist der größ-
te?" Anschließend sucht sich jedes Kind einen Stein aus und bemalt
ihn mit Temperafarbe. Ist die Farbe getrocknet, schreiben Sie mit dem
Permanentmarker die Namen der Besitzer darauf.
Erklären Sie den Kindern dann, was Archäologen sind und worin ihre
Arbeit besteht; und dass sie nun selbst Archäologen sind und sich auf
die Suche machen. Ein Kind vergräbt die „archäologischen Artefakte" im
Sandkasten. Anschließend holen sich die kleinen Archäologen Schaufeln
und Pinsel und machen sich auf die Suche. Bei jedem archäologischen
Fundstück wird nachgesehen, wem es gehört, um es gleich dem Besitzer
zu überreichen.

 **Tipp**
Begleiten Sie das Tun der Kinder sprachlich. Das hilft ihnen,
mit den Handlungsabläufen vertraut zu werden und ihr Sprachverständnis zu vertiefen.

Gemeinsame Kreativprojekte

## 78 Ein Stück vom Glück

 **24 bis 36 Monate**

 **Das fördern Sie**
Kreativität, Sozialverhalten, Sprache

 **Das brauchen Sie**
für jedes Kind ein etwas größeres, aus weißem Papier ausgeschnittenes Kleeblatt; Malbirnen, Temperafarben

## So geht es

Jedes Kind nimmt sich ein Kleeblatt und bemalt es nach Lust und Laune
mit Malbirnen oder Temperafarbe auf der Vorder- und Rückseite. Erzählen Sie den Kindern dann, dass Kleeblätter Glück bringen sollen – sie sich
also überlegen können, welchem Kind sie mit ihrem Kleeblatt etwas
Glück schenken möchten. Jedes Kleeblatt wird anschließend mit dem
Spruch überreicht: *„Ich schenke dir ein Stück vom Glück".*

 **Variante**
Ein solches Kleeblatt kann auch als Neujahrsgruß an die Eltern
verschenkt werden – mit einem Foto des Kindes und dem Spruch
darauf.

Gemeinsame Kreativprojekte

# 79 Naturinspirationen

 **12 bis 36 Monate**

 **Das fördern Sie**
Kreativität, Wahrnehmung, Gemeinschaftssinn

 **Das brauchen Sie**
ein besonders großes Stück Packpapier, einen Tacker, Temperafarben, für jedes Kind eine Malschürze

## So geht es

Die meisten Kinder lieben es, draußen zu spielen. Und ebenso lieben sie es,
mit den Fingern zu malen. Kombinieren Sie diese Lieblingsbeschäftigun-
gen in einer Aktion. Spannen Sie dafür Packpapier zwischen zwei Bäume:
Umwickeln Sie zunächst einen Baumstamm mit Papier und tackern Sie
das Papierende am großen Papierstück fest. Spannen Sie dann das restli-
che Papier bis zum gegenüberliegenden Baum und fixieren Sie es dort auf
dieselbe Weise.
Bevor die Kinder malen dürfen, sehen Sie sich mit ihnen bewusst und in
Ruhe die unmittelbare Natur an und sprechen Sie über das, was die Kinder
sehen. Und dann dürfen alle nach Herzenslust malen!
Besonders bunt und eindrucksvoll wird das Werk, wenn mehrere Kinder
gleichzeitig malen. Es sollten allerdings nicht zu viele Kinder auf einmal
sein, damit sie sich gegenseitig nicht stören.

 **Tipp**
Wenn Sie das fertige Kunstwerk mit dem Schriftzug „Herzlich
willkommen!" versehen, haben Sie ein originelles Begrüßungs-
banner für alle Kita-Besucher.

 **Varianten**
■ Anstelle des Packpapiers können Sie auch ein weißes Bettlaken verwenden. Das ist stabiler und reißt nicht so leicht, wenn an
einer Stelle mehr Farbe aufgetragen wird;
■ Einen wiederum ganz anderen Effekt wird das Kunstwerk haben,
wenn die Kinder auf einer transparenten Abdeckplane malen.

Gemeinsame Kreativprojekte

# 80 Kitzelmalerei

 **12 bis 36 Monate**

 **Das fördern Sie**
Wahrnehmung, taktile Erfahrungen, Feinmotorik, Wortschatz

 **Das brauchen Sie**
Quark, bunte Fruchtsäfte, evtl. Lebensmittelfarben, mehrere Farb-schüsseln, für jedes Kind einen Pinsel, eine große Abdeckfolie

## So geht es

Heute wird es beim Kritzeln kitzeln – weil sich die Kinder mit einem Pinsel selbst bemalen dürfen. Bereiten Sie dafür alle gemeinsam die Naturfarbe zu: Mischen Sie den Quark mit den Fruchtsäften oder mit verschiedenen Lebens-mittelfarben und gießen Sie die gemischte Farbe in die Farbschüsseln.
Legen Sie Abdeckfolie aus (breitflächig) und stellen Sie die Farbschüsseln darauf. Jedes Kind bekommt einen Pinsel. Achten Sie darauf, dass es im Raum nicht zu kalt ist, da die Windelkünstler mit nur wenig Bekleidung auskommen müssen. Zeigen Sie den Kindern nun, wie sie sich selbst bemalen können: Malen Sie sich selbst auf die Handfläche und sprechen Sie dazu folgenden Spruch:

*„Kitzel, kitzel, hin und her – die Hand zu färben, ist nicht schwer!"*
Sprechen Sie, während sich die Kinder selbst bemalen, gemeinsam mit ihnen den Spruch; auf diese Weise machen Sie sie darauf aufmerksam, welche Körperstelle sie gerade bemalen. Nach und nach können die Kinder verschiedene Körperstellen anmalen – begleitet von dem entspre-chend angepassten Spruch.

 **Tipp**
Stellen Sie den Kindern zum Schluss einen großen Eimer mit lauwarmem Wasser, Seife und Handtücher bereit, sodass sie sich selbst waschen können. Dabei werden sie sicher Spaß haben – und um eine Erfahrung reicher sein.

 **Variante**
Die Kinder können sich auch gegenseitig bemalen.

*Gemeinsame Kreativprojekte*

# 81 Vorsicht Farbexplosion!

 **12 bis 36 Monate**

 **Das fördern Sie**
Kreativität, Gemeinschaftssinn, Selbstbewusstsein, Mut

 **Das brauchen Sie**
ein großes Stück Packpapier, Wasser, verschiedene Lebensmittelfarben, Wasserbomben

## So geht es

Bunte Wasserbomben auf Papier zu schleudern, ist sicherlich für jedes
Kind ein Vergnügen – vor allem an einem warmen Sommertag im Gar-
ten! Um eine solche Farbschlacht vorzubereiten, mischen Sie mit den
Kindern die verschiedenen Lebensmittelfarben mit Wasser und befüllen
die Wasserbomben. Legen Sie dann das Packpapier in den Garten.
Die Kinder sollten möglichst wenig Kleidung tragen, weil die Aktion eine
wahre Kleckerpartie ist.
„Auf ‚Los!' geht's los!", heißt es dann: Schon können die bunten Farbbom-
ben auf das Papier geklatscht werden. Dieses Angebot behalten die
Kinder gewiss als sehr aufregend und lustig in Erinnerung.

 **Tipp**
Machen Sie Fotos vom Entstehungsprozess des Werkes. Fotografieren Sie auch die Handlungsabläufe für die Vorbereitung – das
ist eine wunderbare Wiederholung.

# 82 Laubfrösche

 **18 bis 36 Monate**

 **Das fördern Sie**
Körperwahrnehmung, Geschicklichkeit, Sprache, visuelle Wahrnehmung

 **Das brauchen Sie**
Bilder von Laubfröschen; ein großes, weißes Stück Packpapier; grüne und braune Temperafarbe; mehrere Pinsel; sammeln Sie mit den Kindern vorab Blätter und lange Grashalme oder Heu (so viel, dass das gesamte Packpapier damit zugedeckt werden kann)

## So geht es

Zeigen Sie den Kindern Bilder von Laubfröschen und sprechen Sie mit ihnen über das Aussehen und die Fortbewegungsart dieser Tiere. Jedes Kind soll anschließend versuchen, wie ein Frosch durch den Raum zu hüpfen. Die Spuren solcher „Kinder-Froschhüpfer" können sogar festgehalten werden, und zwar wie folgt:
Bemalen Sie die Füße der „Frösche" mit grüner oder brauner Temperafarbe – und schon können die Kinder über das ausgebreitete Packpapier hüpfen. Nehmen Sie dafür jedes Kind an die Hand und begleiten Sie es. Die Kinder, die es sich zutrauen, dürfen natürlich allein hüpfen; am besten stützen sie sich dabei mit den Händen ab. Wer möchte, kann anschließend seinem Laubfrosch Sprungbeinchen anpinseln.
Sind alle Spuren getrocknet, beginnt der zweite Teil dieses Angebotes: das Froschversteckspiel. Dafür decken die Kinder das Froschplakat mit dem Gras und den Blättern zu. Und dann macht sich ein Kind nach dem anderen auf Froschsuche: Wo unter dem Laub hat sich einer versteckt?

 **Tipp**
Begleiten Sie das Laubfroschsuchen sprachlich und regen Sie die Kinder zum Sprechen an, z. B.: „Jetzt wühlst du im Laub und im Gras und schiebst es zur Seite. Guck, was ist denn das? Kommt dort etwas Grünes zum Vorschein? Siehst du das? Was kann das sein? Genau, ein grünes Fröschlein!"

## 83 Wir sehen in die Welt, wie es uns gefällt!

 **12 bis 36 Monate**

 **Das fördern Sie**
visuelle Wahrnehmung, Sprache, Feinmotorik

 **Das brauchen Sie**
bunte Rechtecke aus Transparentpapier, einen Pinsel, angerührten Kleister, für jedes Kind eine Malschürze

## So geht es

Die Welt plötzlich in anderen Farben zu sehen, eröffnet neue Perspektiven. Ermöglichen Sie das den Kindern in einer Aktion, die ihnen sicher Spaß machen wird: das Bekleben eines Fensters mit Transparentpapier. Und dann verfügt Ihre Gruppe über ein Fenster zu einer fantastischen Welt!

Sehen Sie sich zunächst mit den Kindern die bunten Rechtecke aus Transparentpapier an und sprechen Sie über deren Farben: Welche davon kennen die Kinder schon? Welche Gegenstände im Raum haben die gleichen Farben wie die Rechtecke? Lassen Sie die Kinder durch die Rechtecke hindurchblicken und beschreiben, was sie wie sehen. Anschließend dürfen die Kinder das Fenster im Gruppenraum aussuchen, welches beklebt werden soll. Zeigen Sie ihnen zunächst den Ablauf: Zuerst den Kleister auf die Scheibe auftragen, dann nach und nach die vielen bunten Rechtecke dicht nebeneinander aufkleben. Und während die Kinder fleißig an dem fantastischen Fenster arbeiten, kommentieren Sie das, was sie tun: „Jonas klebt jetzt das rote Papier neben das gelbe ...".

Ist das Fenster fertig beklebt, nehmen Sie sich Zeit, um gemeinsam mit den Kindern hindurchzusehen. Was ist zu sehen? Und vor allem: Wie sieht es aus? „Der bekannte Baum ist ja plötzlich blau! Wie sieht er in Wirklichkeit aus?" Öffnen Sie für Vergleiche das Fenster. „Oh, und die Sandkiste ist rosa?! Wenn wir das Fenster öffnen, was sehen wir dann? Richtig, sie ist eigentlich braun!"

Gemeinsame Kreativprojekte

## 84 Duftige Fantasieblumen

 **24 bis 36 Monate**

 **Das fördern Sie**
Kreativität, Feinmotorik, visuelle und olfaktorische Wahrnehmung

 **Das brauchen Sie**
für jedes Kind einen farbigen Kreis aus Fotokarton und einen bunten Pfeifenputzer; angerührten Kleister; bunte Märchenwolle oder Watte; mehrere Pinsel

### So geht es

Jedes Kind sucht sich einen bunten Kreis aus und bestreicht eine Seite mit Kleister (mit dem Pinsel). Dann zupfen die Kinder kleine Stückchen Märchenwolle ab und kleben sie darauf. Das Gleiche machen sie auf der anderen Seite des Kreises. Sind beide Seiten mit der duftigen Märchenwolle beklebt, ist die „Blüte" der Fantasieblume fertig. Nun muss der Stängel angebracht werden. Dafür wird das Ende eines Pfeifenputzers an eine Randstelle des Kreises geklebt.

Während die Fantasieblumen trocknen, suchen die Kinder nach einem geeigneten Platz für sie – vielleicht am Fenster? Oder sie basteln eine lange Gemeinschaftsblumenkette: Stechen Sie dafür zwei Löcher in jede Blüte. Anschließend werden alle an einem langen Wollstück aufgefädelt.

 **Tipp**
Diese zarten Fantasieblumen können auch duften – wenn Sie einen Tropfen eines (hochwertigen) ätherischen Öles auf jede Blüte tropfen.

# 85 Kunstausstellung

**24 bis 36 Monate**

**Das fördern Sie**
gegenseitige Wertschätzung, Mut zur Individualität, Wahrnehmung

**Das brauchen Sie**
Bilder der Kinder; für jedes Bild ein Chiffontuch
Stellen Sie die Bilder in einem großen Raum aus, damit jedes Bild gut zur Geltung kommen kann.

## So geht es

Mit dieser Aktivität nehmen Sie sich ganz bewusst Zeit, um die Arbeit eines jeden Kindes vor der Gruppe wertzuschätzen. Jedes Kind malt ganz nach Lust und Laune ein Bild für die Ausstellung – und bekommt dafür die Farben, die es haben möchte: Malbirnen, Ölkreide, Buntstifte, Wasser- oder Temperafarben. Es müssen jedoch nicht unbedingt aktuelle Bilder der Kinder ausgestellt werden; lassen Sie in diesem Fall jedes Kind selbst auswählen, welches Bild es zeigen möchte.

Bereiten Sie gemeinsam mit den Kindern die Kunstausstellung vor. Dafür wird jedes Bild im Ausstellungsraum auf den Boden gelegt und mit einem Chiffontuch abgedeckt. Und dann kann die Ausstellung endlich eröffnet werden! Gehen Sie nun mit allen Kindern von Bild zu Bild. Von jedem Bild wird zunächst das Chiffontuch entfernt, um es dann in aller Ruhe zu betrachten. Sprechen Sie mit den Kindern darüber: Wer hat es gemalt? Was ist darauf zu sehen? Welche Farben hat es? Sind Punkte oder Striche darauf? Vor allem jedoch sprechen Sie wertschätzend von jedem Kunstwerk – ohne es zu werten, z.B.: „Du hast so viele Farben eingesetzt! Und ich sehe ganz viele Punkte – in allen Farben!" Vielleicht möchten auch die Künstler etwas zu ihren Werken sagen.

**Tipp**
Nicht immer muss man Wertschätzung verbal zum Ausdruck bringen. Es genügt auch, vor einem Werk stehen zu bleiben und es neugierig zu betrachten. Auch das vermittelt Interesse und Anerkennung.

Gemeinsame Kreativprojekte

# 86 Pinselverfolgungsjagd

 **24 bis 36 Monate**

 **Das fördern Sie**
Auge-Hand-Koordination, Feinmotorik, Empathie

 **Das brauchen Sie**
für jedes Kind einen Pinsel; für die Hälfte der Kinder eine
ca. 30 cm lange, dickere Wollschnur und ein großes Malpapier;
Temperafarben

## So geht es

Binden Sie jeweils zwei Pinsel mit der Wollschnur locker zusammen,
indem Sie an jedem Pinselende ein Ende der Schnur verknoten. Die Kinder bilden Paare. Jedes Paar bekommt die zusammengebundenen Pinsel,
ein Malpapier und Temperafarben. Und nun kommt es darauf an, kooperativ zu malen: Ein Kind gibt dabei die Richtung vor, das andere folgt mit
seinem Pinsel. Nach einer Weile wechseln sie sich ab.

Die Kinder werden sicher Spaß bei dieser ungewöhnlichen Malaktion
haben – und gleichzeitig werden sie die Erfahrung machen, dass man
manchmal im Leben die Richtung angeben, ein anderes Mal einem vor-
gegebenen Weg folgen muss. Eine wichtige Erkenntnis!

Gemeinsame Kreativprojekte

# **87** Blindes Vertrauen

 **24 bis 36 Monate**

 **Das fördern Sie**
Vertrauen, Selbstbewusstsein, taktile Wahrnehmung

 **Das brauchen Sie**
Sammeln Sie mit den Kindern Naturmaterialien; stellen Sie alle gemeinsam verschiedene Kreativmaterialien zusammen; Kleister mit Sand zu einer dickflüssigen, zähen Masse vermischen; für die Hälfte der Kinder Pappteller

## So geht es

Bei diesem Spiel gestalten jeweils zwei Kinder ein Bild – indem ein Kind dem anderen buchstäblich blind vertraut. Verteilen Sie vorab die Kleister-Sand-Mischung auf die Pappteller. Anschließend bilden die Kinder Paare und setzen sich an einen Tisch, auf dem bereits die Sand-Kleister-Masse sowie die ausgesuchten Kreativ- und Naturmaterialien warten.
Nun schließt jeweils ein Paar-Kind die Augen und bekommt von dem anderen Kind ein Natur- oder Kreativmaterial in die Hand gedrückt. Das „blinde" Kind befühlt nun den Gegenstand in seiner Hand und versucht, zunächst herauszufinden, was das ist. Nachdem ihm das „sehende" Kind etwas Zeit dafür gelassen hat, führt es dessen Hand zur Sandmasse und drückt sie so nach unten, dass Kleister an dem Material kleben bleibt. Anschließend führt es die Hand seines Partners zum Papier, sucht eine passende Stelle aus und drückt das Material so darauf, dass es dort kleben bleibt. Nach einer Weile wechseln sich die Kinder ab.

## 88 Gemeinschaftswindlicht

 **12 bis 36 Monate**

 **Das fördern Sie**
Kreativität, Wir-Gefühl

 **Das brauchen Sie**
ein großes Gurkenglas, Temperafarben, kleine Fotos der Kinder,
Bastelkleber

### So geht es

Das große Gurkenglas muss ganz bunt werden! Deswegen bemalt jedes
Kind ein Stückchen von dessen Außenseite. Ist die Farbe trocken, kleben
die Kinder ihre Fotos darauf – fertig ist das Gruppenwindlicht!
Stellen Sie es – mit einem freundlichen Kerzchen darin – an einen zentra-
len Platz (in die Mitte des Frühstückstisches?). Von dort aus kann es bei
gemeinsamen Aktivitäten als Symbol der Gruppengemeinschaft hell
leuchten.

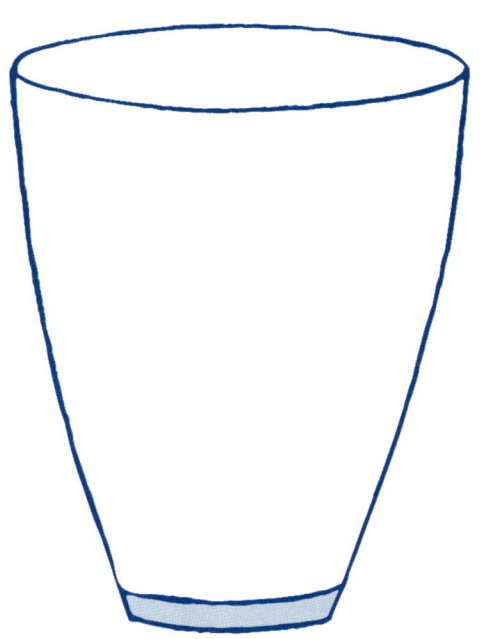

Gemeinsame Kreativprojekte

# 89 Malspaß am Spiegel

 **12 bis 36 Monate**

 **Das fördern Sie**
Körperwahrnehmung, Sprache, Feinmotorik

 **Das brauchen Sie**
einen großen Spiegel, in dem sich die Kinder in voller Größe
sehen können; Temperafarben, einen Malbecher, einen Pinsel

## So geht es

Stellen Sie Malbecher, Farbe und Pinsel griffbereit neben den Spiegel.
Die Kinder bilden Paare. Jeweils ein Paar stellt sich vor den Spiegel und
schaut hinein. Fragen Sie jedes Kind, wen es im Spiegel sieht. Anschließend lassen Sie den Kindern Zeit, sich selbst und ihre Partner zu betrachten. Und dann dürfen sie sich auf eine „Malentdeckungsreise" machen
– von Ihnen sprachlich begleitet.
Dafür steht ein Kind ruhig vor dem Spiegel und Sie fragen das andere
Kind z. B.: „Wo siehst du im Spiegel Ines' Bauch?" Daraufhin taucht das
gefragte Kind den Pinsel in die Farbe und malt schnell den Spiegel-Bauch
an. Hat es auf diese Weise mehrere Körperstellen seines Partners im
Spiegel angemalt, wechseln sich die Kinder ab.

 **Tipp**
Es ist überhaupt ratsam, einen großen Spiegel in Kinderhöhe im
Gruppenraum zu haben (auch Spiegelfliesen eignen sich sehr gut
und sind ganz schnell und unkompliziert montiert). Auf diese
Weise können sich die Kinder selbst und andere jederzeit darin
betrachten.

Gemeinsame Kreativprojekte

# *90* Drückschwämmchen

 **12 bis 36 Monate**

 **Das fördern Sie**
Fingerfertigkeit, Kraftdosierung, Kreativität

 **Das brauchen Sie**
ein weißes Bettlaken; eine Malunterlage in der Größe des Bettlakens; für jedes Kind einen kleinen Schwamm; mehrere mit Wasser gefüllte Schalen; Lebensmittelfarben

## So geht es

Mischen Sie mit den Kindern in jede Wasserschale eine Lebensmittelfarbe. Breiten Sie das Bettlaken auf der Malunterlage aus und stellen Sie die Wasserschälchen mit ihren bunten Inhalten griffbereit; ebenso die Schwämme.

Nun taucht jedes Kind seinen Schwamm in die Wasserschale seiner Wahl, bis er sich vollgesaugt hat, und drückt ihn dann über dem Bettlaken aus. Wenn das mehrere Kinder gleichzeitig tun, werden sie beobachten können, wie schnell die Farben ineinander verlaufen und sich vermischen. Bestimmt entsteht ein spannendes, buntes Gesamtkunstwerk!

 **Tipp**
Das Kunstwerk könnte dann z. B. eine Fahne oder ein Vorhang werden.

Gemeinsame Kreativprojekte

# 91  Spritzbilder

**18 bis 36 Monate**

**Das fördern Sie**
Kreativität, Feinmotorik

**Das brauchen Sie**
für jedes Kind eine Sprühflasche (die ohne viel Kraftaufwand benutzt werden kann); von den Kindern gesammelte Naturmaterialien (auch kleine Äste und Blätter); Lebensmittelfarben, Wasser, ein großes Stück Packpapier

## So geht es

Färben Sie vorab für jede Sprühflasche Wasser mit einer Lebensmittelfarbe und füllen Sie es in die Flaschen ein. Die Kinder legen die gesammelten Naturmaterialien auf das ausgebreitete Packpapier so hin, wie es ihnen gefällt. Nun nimmt sich jedes Kind eine Sprühflasche und besprüht das gesamte Papier so, dass anschließend die Konturen der Materialien zu sehen sind.

Nach dem Trocknen werden die Naturmaterialien entfernt – und ein buntes Sprühkunstwerk mit einem wunderbaren Muster wird zu sehen sein. Sprechen Sie mit den Kindern über das Bild: Welche Farben sind besonders gut gelungen? Kann man vielleicht an den Konturen erkennen, wo welche Materialien lagen?

**Variante**
Bunte Sprühbilder können auch wunderbar im Schnee gemacht werden.

Gemeinsame Kreativprojekte

# 92 Ich schenk dir mein Herz

 **18 bis 36 Monate**

 **Das fördern Sie**
Sozialverhalten, taktile Wahrnehmung, Feinmotorik

 **Das brauchen Sie**
Salzteig, mehrere Ausstechformen in Herzform, eine Prickelnadel, ein Nudelholz, Temperafarben, Wollschnüre zum Aufhängen der Herzen

## So geht es

Nachdem Sie den Salzteig vorbereitet haben, dürfen ihn die Kinder eine Weile kneten. Das werden sie sicher ganz wunderbar finden. Rollen Sie anschließend den Teig aus und legen Sie die Ausstechformen bereit. Zeigen Sie nun den Kindern, wie sie damit Herzchen ausstechen können. Parallel stechen Sie mit der Prickelnadel in die fertigen Herzen ein Loch (am besten in der oberen Mitte) und legen sie dann auf ein Ofengitter. Dort können sie an der Luft trocknen. Den Trocknungsvorgang können Sie auch beschleunigen, indem Sie die Herzen für eine halbe Stunde in den auf 50° Grad vorgeheizten Backofen schieben.

Nach dem Trocknen bemalen die Kinder ihre Herzen ganz nach Belieben mit Temperafarben. Und wenn die Farbe getrocknet ist, wird eine kleine Wollschnur durch das Loch gefädelt. Schon ist eine besondere Halskette entstanden, die einem guten Freund oder einer Freundin geschenkt werden kann.

Gemeinsame Kreativprojekte

## 93 Herzliche Sammelgläser

 **24 bis 36 Monate**

 **Das fördern Sie**
Feinmotorik, Kreativität

 **Das brauchen Sie**
für jedes Kind ein mittelgroßes, ausgeschnittenes Papierherz und
ein gut ausgespültes Marmeladenglas; doppelseitiges Klebeband,
Temperafarben

## So geht es

Jeder Mensch braucht einen Platz für seine kostbarsten Schätze – z. B. ein
ehemaliges Marmeladenglas in neuem Gewand. Kleben Sie dafür die
Papierherzchen mit Klebeband auf die Gläser. Nun bemalt jedes Kind
sein Glas um das Herz herum, und zwar so, dass anschließend die Herz-
konturen zu sehen sind. Ist die Farbe getrocknet, werden die Papierher-
zen entfernt – und transparente Herzen kommen zum Vorschein, die
einen neugierigen Blick ins Glasinnere erlauben.
In diesen „herzlichen Sammelgläsern" können die Kinder selbst gefunde-
ne Naturmaterialien aufbewahren, die ihnen viel bedeuten; oder kleine,
selbst gemachte Kunstwerke; die liebevolle, von der Erzieherin aufge-
schriebene Botschaft eines Freundes – und überhaupt alles, was für
würdig erachtet wird. Und noch eines kann ein solches Sammelglas:
Verdeutlichen, dass auch Kleinigkeiten wertvoll sein können.

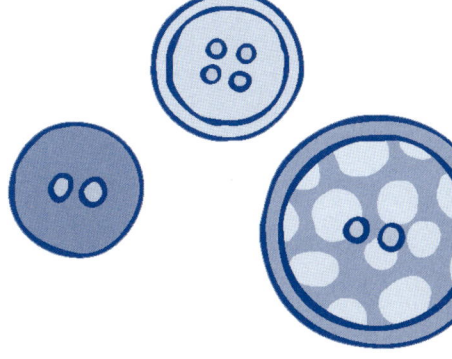

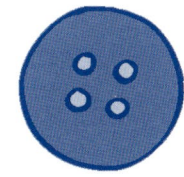

Gemeinsame Kreativprojekte

# 94 Stimmungsbilder

 **24 bis 36 Monate**

 **Das fördern Sie**
das Ausdrücken von Gefühlen, Kreativität, Empathie

 **Das brauchen Sie**
Gefühlsbilder (in mehrfachen Ausführungen; Sie können
unsere Kopiervorlage auf S. 83 nutzen); ein üppiges Angebot
an Schmuck- und Kreativmaterialien, Temperafarben und
Buntstiften; verschiedene Arten von Malpapier; Kleber

## So geht es

Sprechen Sie mit den Kindern über die verschiedenen Gefühle, die jeder
im Alltag haben kann – und über die möglichen Auslöser dafür. Vielleicht
kann sich das eine oder andere Kind erinnern, wann es zuletzt kurz nacheinander verschiedene oder besonders intensive Gefühle erlebt hat und
warum. Erklären Sie dann den Kindern, dass man Gefühle auf verschiedene Arten ausdrücken kann, nicht nur mithilfe der Sprache; z. B. durch ein
Bild – und ein solches „Stimmungsbild" dürfen sie nun gestalten.
Legen Sie dafür die mehrfachen Ausführungen der Gefühlskarten sowie

 ein großes Angebot an Farben, Schmuck-
materialien, Buntstiften und Papiersor-
ten bereit. Zuerst sucht sich jedes Kind
die Gefühlskarte aus, die am besten zu
seiner momentanen Stimmung passt,
und klebt sie auf ein Papier seiner Wahl.
Dann sucht es sich die Materialien aus,
die es für dieses Bild passend findet, und
gestaltet damit sein persönliches Stimmungsbild. Unterstützen Sie die Kinder
bei ihrer kreativen Arbeit verbal, jedoch
ohne Vorgaben für die Gestaltung zu
machen.

Gemeinsame Kreativprojekte

## 95 Klatsch-Patsch-Bilder

**12 bis 36 Monate**

**Das fördern Sie**
Auge-Hand-Koordination, Kreativität

**Das brauchen Sie**
für jedes Kind eine Fliegenklatsche und eine Malschürze;
Materialien bzw. Gegenstände mit verschiedenen Eigenschaften,
die auf die Klatschen aufgeklebt werden können: Putzschwämme,
Alufolie, Wellpappestücke, Gummiringe etc.; einen großen Bogen
Packpapier; Kleber; flache Gefäße mit unterschiedlichen
Temperafarben

## So geht es

Kleben Sie die gesammelten Materialien und Gegenstände auf die
Fliegenklatschen und legen Sie die Klatschen zusammen mit den Farb-
gefäßen neben den ausgerollten Papierbogen. Jedes Kind legt nun eine
Malschürze um, sucht sich eine Fliegenklatsche aus, taucht sie in eine
Farbe seiner Wahl und klatscht damit auf das Papier. Die verschiedenen
Materialien werden unterschiedliche Muster auf dem Papier hinterlas-
sen. Bestimmt macht die Arbeit an diesem Kunstwerk jede Menge Spaß!

## 96 Unser Freundefotobuch

 **12 bis 36 Monate**

 **Das fördern Sie**
Sozialverhalten, Sprache, Wortschatz

 **Das brauchen Sie**
zuvor gemachte Fotos aller Kinder in unterschiedlichen Spiel-
bzw. Alltagssituationen mit anderen Kindern; farbige Fotokarton-
Blätter; Kleber

### So geht es

Sprechen Sie zunächst mit den Kindern über die Fotos und darüber, wie
schön es ist, Freunde zu haben. Eine schöne Erinnerung an gemeinsame
Alltagsmomente in der Kita ist ein „Freundefotobuch". Dafür werden die
Fotokarton-Blätter in der Mitte gefaltet und ineinandergelegt. Das Deck-
blatt verzieren die Kinder gemeinsam ganz nach Belieben. Anschließend
kleben Sie alle gemeinsam die Fotos ein.

Sehen Sie sich anschließend alle das Album in aller Ruhe an. Dabei werden sicher weitere Gespräche über die eine oder andere fotografierte
Situation aufkommen. Erzählen Sie den Kindern, dass das Album ergänzt
werden kann, wenn neue Fotos gemacht werden.

 **Tipp**
Achten Sie darauf, dass dieses kleine Album für die Kinder jederzeit gut zugänglich ist.

# 97 Bilderseilzug

**24 bis 36 Monate**

**Das fördern Sie**
Auge-Hand-Koordination, Feinmotorik, Kreativität, Wertschätzung für die Arbeit des anderen

**Das brauchen Sie**
Zeichnungen der Kinder, einen Kleiderbügel, ein Seil, einen Locher, für jedes Kind eine Wollschnur

## So geht es

Lochen Sie jede Zeichnung, fädeln Sie eine Wollschnur hindurch und verknoten Sie die Enden. Die Kinder bilden Paare. Ein Paar stellt sich nun so auf, dass sich die Kinder gegenüberstehen; jedes Kind hält dabei ein Ende des Seiles so in der Hand, dass das Seil zwischen ihnen gespannt ist. Darauf wird nun der Kleiderbügel auf Reisen geschickt, und zwar wie folgt: An den Bügel wird zunächst die Zeichnung des einen Paar-Kindes gehängt. Dieses Kind schickt nun mit Schwung den Bügel über das gespannte Seil zu seinem Freund.

Der „Empfänger" schaut sich die Zeichnung in Ruhe an – eine stille Anerkennung für die Arbeit und das Können des anderen. Anschließend nimmt das Kind die Zeichnung seines Freundes vom Bügel, hängt seine eigene Zeichnung daran und schickt sie schwungvoll auf die andere Seite.

Diese Form der Bildbetrachtung wird den Kindern sicher ganz viel Spaß machen!

Gemeinsame Kreativprojekte

## 98 Gefühlsmasken

 **24 bis 36 Monate**

 **Das fördern Sie**
das Kennenlernen und Bezeichnen unterschiedlicher Gefühle;
Empathie; Sprache; Sozialverhalten

 **Das brauchen Sie**
für jedes Kind einen runden Pappteller und ein Gummiband;
einen dicken, schwarzen Filzstift; einen Cutter, einen Spiegel,
Temperafarben

## So geht es

Vor allem ganz junge Kinder werden immer wieder von einem Wechsel-
bad der Gefühle überrumpelt – in diesem Moment strahlen sie noch
glücklich, im nächsten stehen ihnen Trauer oder Ärger ins Gesicht ge-
schrieben. Und nachdem Kinder dieser Altersgruppe noch Schwierig-
keiten haben, ihre Gefühle verbal auszudrücken, münden solche Augen-
blicke häufig in Ärger und Chaos. Helfen Sie den Kindern mit dieser
Aktivität, Gefühle zu erkennen und sie zu benennen.
Lassen Sie jedes Kind zunächst vor einem Spiegel unterschiedliche Gefühlslagen mimisch darstellen und dann entscheiden, welches von
diesen Gefühlen es auf einer Gesichtsmaske darstellen möchte. Dafür
bemalt jedes Kind einen Pappteller mit Temperafarben. Ist die Farbe
getrocknet, zeichnen Sie mit dem schwarzen Stift die zu dem ausgesuchten Gefühl passende Mimik auf jede Maske und schneiden Sie mit dem
Cutter kleine Öffnungen für Augen, Nase und Mund. Ziehen Sie dann
durch zwei kleine Randlöcher ein Gummiband ein und verknoten Sie es
an den Enden. Fertig sind die „Gefühlsmasken".

 **Tipp**
Fragen Sie jedes Kind, welches seine Maske aufgesetzt hat,
warum es sich für dieses Gefühl entschieden hat.

Gemeinsame Kreativprojekte

# 99 Herzlich abgestempelt

 **12 bis 36 Monate**

 **Das fördern Sie**
Sozialverhalten, Feinmotorik

 **Das brauchen Sie**
mehrere Kartoffelhälften, einen Cutter, mehrere Stempelkissen
mit Haut-Stempelfarbe oder flache Töpfchen mit Fingerfarben

## So geht es

Legen Sie die Stempelkissen bereit und schnitzen Sie mit einem Cutter
ein Herz in jede Kartoffelhälfte – schon warten mehrere Kartoffelstempel
auf die Kinder. Nun kann jedes Kind seine Freunde „herzlich abstempeln"
(z. B. auf dem Handrücken) – als Symbol ihrer Freundschaft.

 **Tipp**
Vielleicht mögen nicht alle Kinder den Stempel auf der Haut.
Sie können dann z. B. ein „Liebesbriefchen" bekommen.
Dafür den Herzstempel auf einen kleinen Zettel abdrücken
und so verschenken.

Gemeinsame Kreativprojekte

# 100 Begrüßungsrahmen

 **12 bis 36 Monate**

 **Das fördern Sie**
Sprache, Sozialverhalten

 **Das brauchen Sie**
einen alten, etwas größeren und nicht zu schweren Bilderrahmen aus Holz; Temperafarben; verschiedene Schmuck- und Kreativmaterialien (ausgestanzte Motive, Glitter etc.)

## So geht es

Die Kinder gestalten den Holzrahmen zu einem „Begrüßungsrahmen" für den Morgenkreis. Dafür bemalen sie ihn zunächst mit Temperafarben und bekleben ihn, sobald die Farbe trocken ist, nach Lust und Laune mit den vorbereiteten Materialien.

Für das Begrüßungsritual hält ein Kind nach dem anderen den Rahmen in Gesichtshöhe – wodurch es quasi aus einem freundlichen Rahmen auf seine Freunde blickt – und begrüßt die anderen mit einem netten „Hallo!"

Gemeinsame Kreativprojekte